Impressum
Verlag: BABADADA GmbH, Nedderfeld 112 , 22529 Hamburg
Geschäftsführer / Verlagsleitung: Harald Hof
Druck: Books on Demand GmbH, In de Tarpen 42, 22848 Norderstedt

Imprint
Publisher: BABADADA GmbH, Nedderfeld 112 , 22529 Hamburg, Germany
Managing Director / Publishing direction: Harald Hof
Print: Books on Demand GmbH, In de Tarpen 42, 22848 Norderstedt

школа
σχολείο

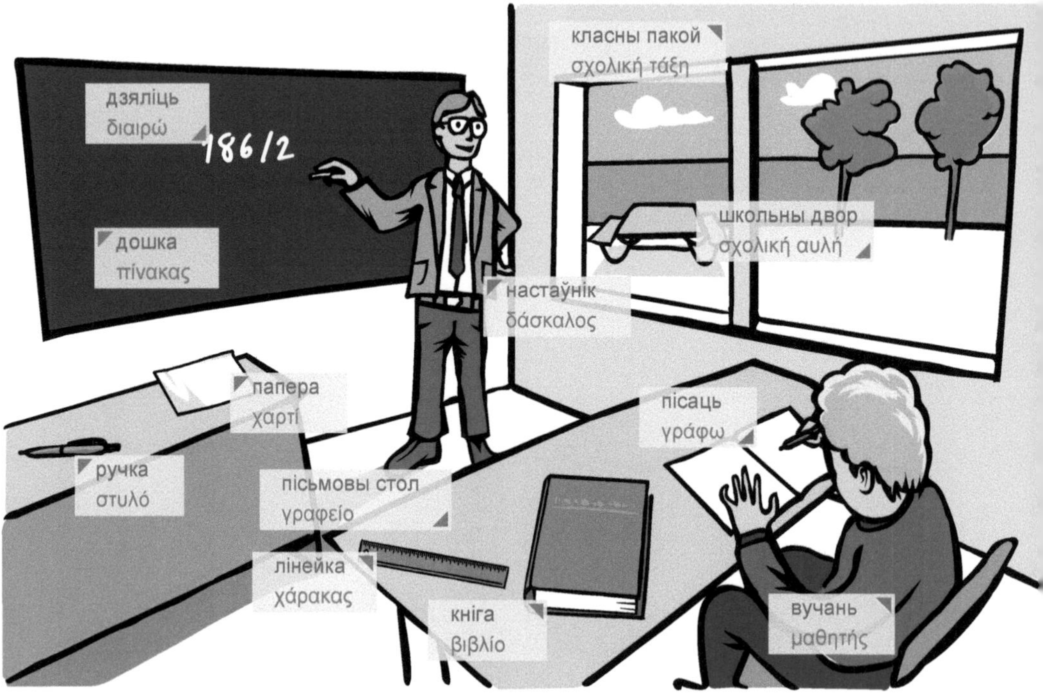

класны пакой
σχολική τάξη
дзяліць
διαιρώ
186/2
дошка
πίνακας
школьны двор
σχολική αυλή
настаўнік
δάσκαλος
папера
χαρτί
пісаць
γράφω
ручка
στυλό
пісьмовы стол
γραφείο
лінейка
χάρακας
кніга
βιβλίο
вучань
μαθητής

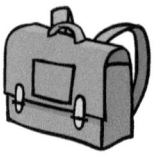

ранец

σχολική τσάντα

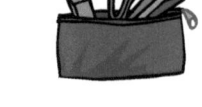

пенал

κασετίνα/ μολυβοθήκη

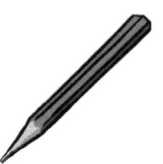

просты аловак

μολύβι

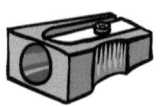

тачылка для алоўкаў

ξύστρα

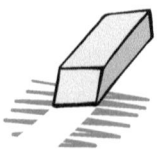

гумка

γόμα

альбом для малявання

μπλοκ ζωγραφικής

малюнак

ζωγραφική

пэндзлік

πινέλο

фарбы

κουτί χρωμάτων

нажніцы

ψαλίδι

клей

κόλλα

сшытак

τετράδιο ασκήσεων

хатняе заданне

εργασία για το σπίτι

12

лік

αριθμός

2+2

дадаваць

προσθέτω

5-2

адымаць

αφαιρώ

2×2

множыць

πολλαπλασιάζω

лічыць

υπολογίζω

A

літара

γράμμα

ABCDEFG
HIJKLMN
OPQRSTU
VWXYZ

алфавіт

αλφάβητο

hello

слова

λέξη

тэкст

κείμενο

чытаць

διαβάζω

крэйда

κιμωλία

ўрок

μάθημα

класны журнал

εγγράφομαι

экзамен

τεστ

атэстат

πιστοποιητικό

школьная форма

μαθητική στολή

адукацыя

εκπαίδευση

энцыклапедыя

εγκυκλοπαίδεια

універсітэт

πανεπιστήμιο

мікраскоп

μικροσκόπιο

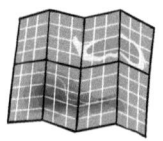

карта

χάρτης

смеццевы кошык

καλάθι αχρήστων

падарожжа

ταξίδι

гатэль
ξενοδοχείο
Grand
хостэл
ξενώνας
ROOMS
EXCHANGE
абменны пункт
ανταλλακτήρια συναλλάγματος
чамадан
βαλίτσα
аўтамабіль
αυτοκίνητο

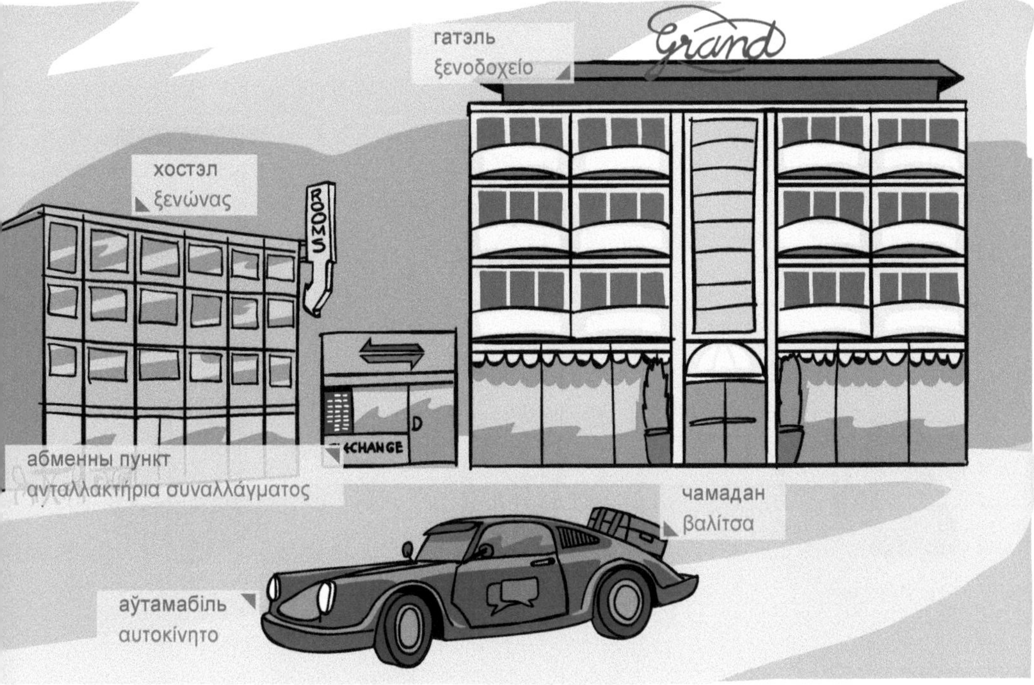

мова

γλώσσα

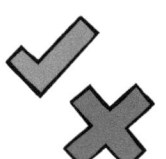

так / не

ναι / όχι

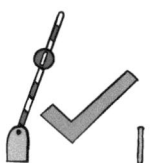

добра

εντάξει

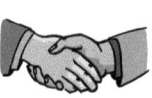

прывітанне!

γεια σου

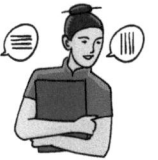

перакладчык

μεταφραστής

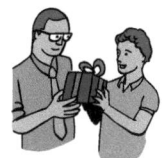

дзякуй

Ευχαριστώ

Колькі каштуе....?

πόσο κάνει ;

я не разумею

Δε καταλαβαίνω

праблема

πρόβλημα

Добры вечар!

Καλησπέρα!

Добрай раніцы!

Καλημέρα!

Дабранач!

Καληνύχτα!

да пабачэння

Αντίο

кірунак

κατεύθυνση

багаж

αποσκευές

сумка

τσάντα

заплечнік

σακίδιο πλάτης

госць

καλεσμένος

пакой

δωμάτιο

спальны мяшок

υπνόσακος

палатка

σκηνή

інфармацыя для турыстаў

τουριστικές πληροφορίες

пляж

παραλία

крэдытная картка

πιστωτική κάρτα

снеданне

πρωινό

абед

μεσημεριανό

вячэра

δείπνο

праязны білет

εισιτήριο

ліфт

ανελκυστήρας

паштовая марка

γραμματόσημο

мяжа

σύνορα

мытня

τελωνείο

пасольства

πρεσβεία

віза

βίζα

пашпарт

διαβατήριο

трансپарт

μεταφορά

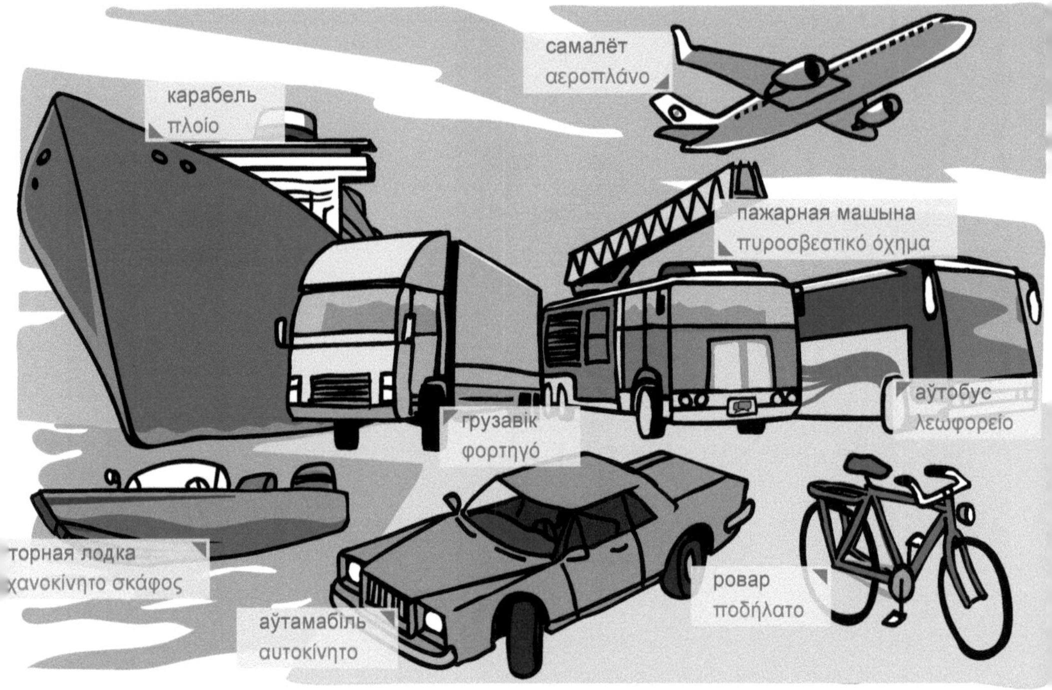

самалёт
αεροπλάνο
карабель
πλοίο
пажарная машына
πυροσβεστικό όχημα
аўтобус
λεωφορείο
грузавік
φορτηγό
торная лодка
χανοκίνητο σκάφος
ровар
ποδήλατο
аўтамабіль
αυτοκίνητο

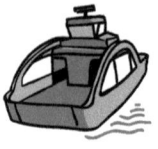

паром

φεριμπότ

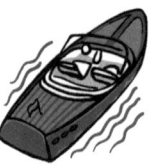

лодка

βάρκα

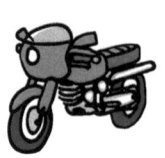

матацыкл

μοτοσικλέτα

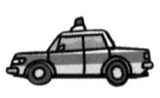

паліцэйская машына

περιπολικό

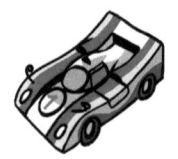

гоначны аўтамабіль

αγωνιστικό αυτοκίνητο

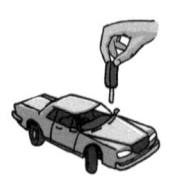

арэндаваны аўтамабіль

ενοικιαζόμενο αυτοκίνητο

сумеснае карыстанне
аўтамабілем

διαμοιρασμός αυτοκινήτων

эвакуатар

γερανός

смеццявоз

απορριμματοφόρο

матор

κινητήρας

паліва

καύσιμο

запраўка

βενζινάδικο

дарожны знак

πινακίδα σήμανσης

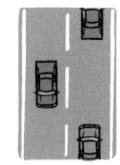

дарожны рух

κυκλοφορία

затор

κυκλοφοριακή συμφόρηση

паркоўка

χώρος στάθμευσης

чыгуначная станцыя

σιδηροδρομικός σταθμός

рэйкі

σιδηροδρομικές γραμμές

цягнік

τρένο

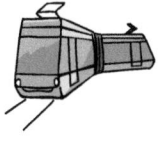

трамвай

τραμ

вагон

βαγόνι

верталёт

ελικόπτερο

аэрапорт

αεροδρόμιο

вежа

πύργος

пасажыр

επιβάτης

кантэйнер

εμπορευματοκιβώτιο

кардонная скрыня

χαρτοκιβώτιο

тачка

καρότσι

карзіна

καλάθι

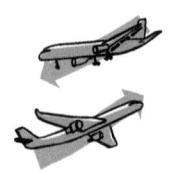

ўзлятаць / прызямляцца

απογειώνομαι /
προσγειόνομαι

горад
πόλη

вёска

χωριό

цэнтр горада

κέντρο της πόλης

дом

σπίτι

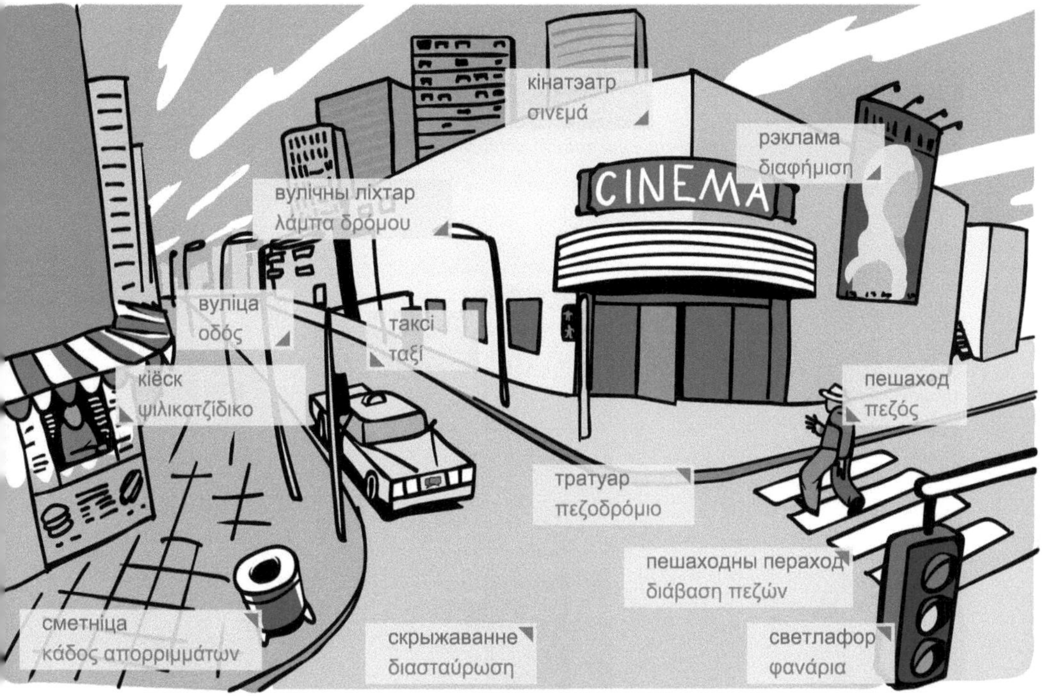

кінатэатр
σινεμά

рэклама
διαφήμιση

вулічны ліхтар
λάμπα δρόμου

CINEMA

вуліца
οδός

таксі
ταξί

пешаход
πεζός

кіёск
ψιλικατζίδικο

тратуар
πεζοδρόμιο

пешаходны пераход
διάβαση πεζών

сметніца
κάδος απορριμμάτων

скрыжаванне
διασταύρωση

светлафор
φανάρια

халупа

калύβα

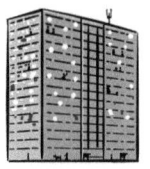

кватэра

διαμέρισμα

чыгуначная станцыя

σιδηροδρομικός σταθμός

ратуша

δημαρχείο

музей

μουσείο

школа

σχολείο

універсітэт

πανεπιστήμιο

банк

τράπεζα

шпіталь

νοσοκομείο

гатэль

ξενοδοχείο

аптэка

φαρμακείο

офіс

γραφείο

кнігарня

βιβλιοπωλείο

крама

κατάστημα

кветкавая крама

ανθοπωλείο

супермаркет

σούπερ μάρκετ

кірмаш

αγορά

універмаг

πολυκατάστημα

рыбная крама

ιχθυοπωλείο

гандлевы цэнтр

εμπορικό κέντρο

порт

λιμάνι

парк

πάρκο

лава

παγκάκι

мост

γέφυρα

лесвіца

σκάλες

метро

μετρό

тунэль

τούνελ

прыпынак

στάση λεωφορείου

бар

μπαρ

рэстаран

εστιατόριο

паштовая скрыня

γραμματοκιβώτιο

вулічны паказальнік

πινακίδα δρόμου

паркамат

παρκόμετρο

заапарк

ζωολογικός κήπος

басейн

πισίνα

мячэць

τζαμί

сядзіба

αγρόκτημα

забруджванне
навакольнага асяроддзя

ρύπανση

могілкі

νεκροταφείο

царква

εκκλησία

пляцоўка для гульні

παιδική χαρά

храм

ναός

краявід

топіо

ліст
φύλλο

паказальнік
πινακίδα κατεύθυνσης

дарога
δρόμος

луг
λιβάδι

камень
πέτρα

дрэва
δέντρο

падарожнік
πεζοπόρος

рака
ποτάμι

трава
χορτάρι

кветка
λουλούδι

даліна

коιλάδα

гара

λόφος

возера

λίμνη

лес

δάσος

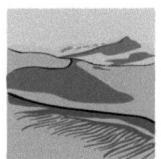

пустыня

έρημος

вулкан

ηφαίστειο

замак

κάστρο

вясёлка

ουράνιο τόξο

грыб

μανιτάρι

пальма

φοίνικας

камар

κουνούπι

муха

μύγα

мурашка

μυρμήγκι

пчала

μέλισσα

павук

αράχνη

жук

σκαθάρι

жаба

βάτραχος

вавёрка

σκίουρος

вожык

σκαντζόχοιρος

заяц

λαγός

сава

κουκουβάγια

птушка

πουλί

лебедзь

κύκνος

дзік

αγριογούρουνο

алень

ελάφι

лось

άλκη

плаціна

φράγμα

вятрак

ανεμογεννήτρια

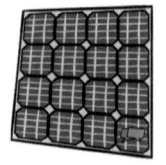

сонечная батарэя

ηλιακός συλλέκτης

клімат

κλίμα

рэстаран

εστιατόριο

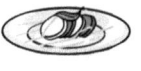

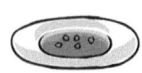

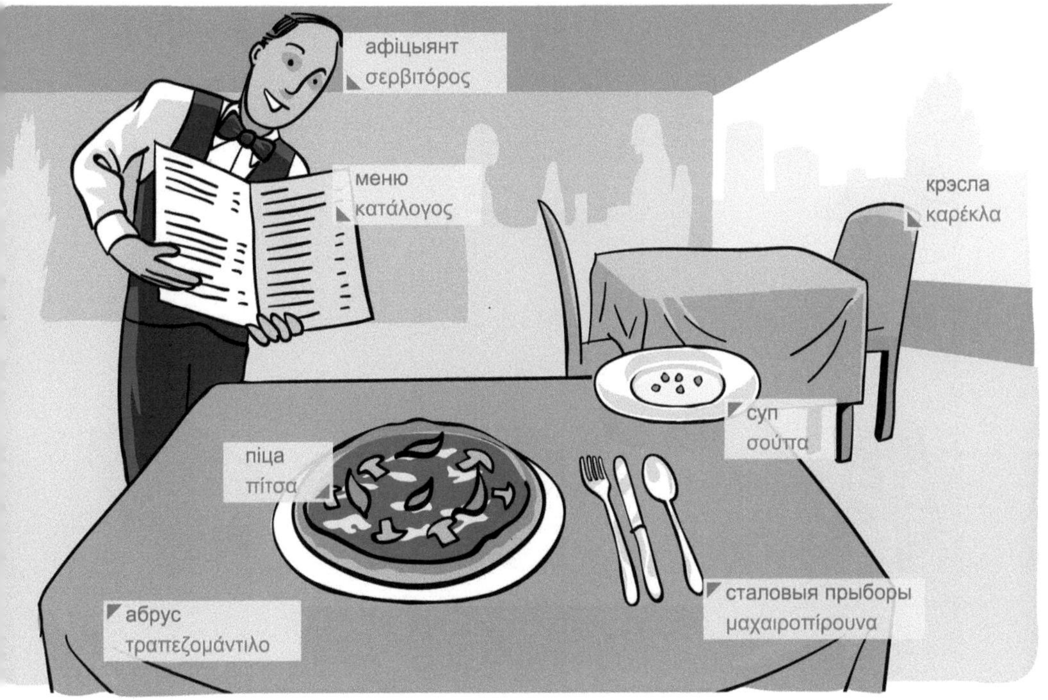
афіцыянт
σερβιτόρος
меню
κατάλογος
крэсла
καρέκλα
суп
σούπα
піца
πίτσα
сталовыя прыборы
μαχαιροπίρουνα
абрус
τραπεζομάντιλο

закуска

ορεκτικό

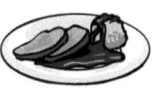

другая страва

κύριο πιάτο

дэсерт

επιδόρπιο

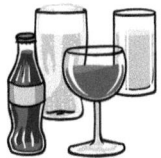

напоі

ποτά

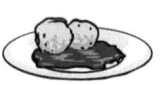

ежа

φαγητό

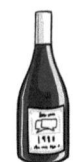

бутэлька

μπουκάλι

хуткае харчаванне (фаст-фуд)

φαστ φουντ

стрыт-фуд

φαγητό στ' όρθιο

імбрык (чайнік)

τσαγιέρα

цукарніца

δοχείο ζάχαρης

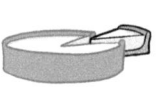

порцыя

μερίδα

эспрэса-машына

μηχανή εσπρέσο

дзіцячае крэселка

ψηλή καρέκλα

рахунак

λογαριασμός

паднос

δίσκος

нож

μαχαίρι

відэлец

πιρούνι

лыжка

κουτάλι

чайная лыжка

κουταλάκι του τσαγιού

сурвэтка

πετσέτα φαγητού

шклянка

ποτήρι

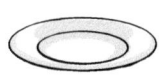

талерка

πιάτο

супавая талерка

πιάτο σούπας

сподак

πιατάκι φλιτζανιού

соус

σάλτσα

сальніца

αλατιέρα

млынок для перцу

μύλος για πιπέρι

воцат

ξύδι

алей

λάδι

спецыі

μπαχαρικά

кетчуп

κέτσαπ

гарчыца

μουστάρδα

маянэз

μαγιονέζα

супермаркет

σούπερ μάρκετ

акцыя
προσφορά
FOR
пакупнік
πελάτης
малочныя прадукты
γαλακτοκομικά προϊόντα
садавіна
φρούτα
вазок
καρότσι για ψώνια

BUTCHERS

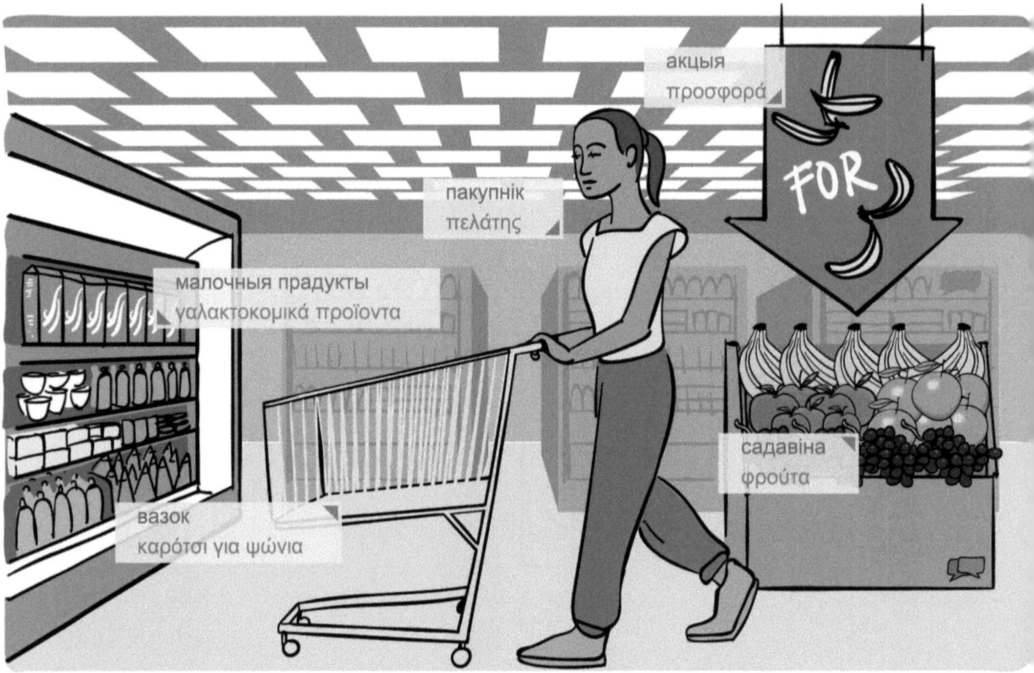

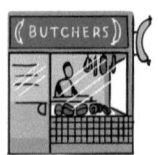

мясная крама

κρεοπωλείο

BAKERY

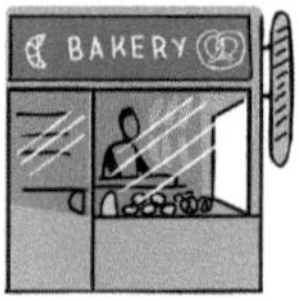

хлебны магазін

φούρνος

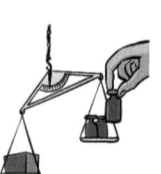

важыць

ζυγίζω

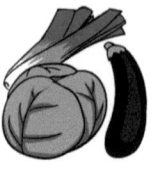

гародніна

λαχανικά

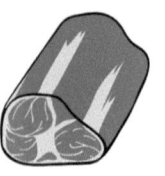

мяса

κρέας

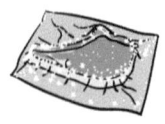

свежазамарожаныя прадукты

κατεψυγμένα τρόφιμα

нарэзка

αλλαντικά

кансервы

κονσερβοποιημένη τροφή

пральны парашок

απορρυπαντικό ρούχων

прысмакі

γλυκά

хатнія прылады

οικιακά είδη

чысцячы сродак

καθαριστικά προϊόντα

прадавец

πωλήτρια

каса

ταμείο

касір

ταμίας

спіс пакупак

λίστα για ψώνια

гадзіны працы

ωράριο λειτουργίας

бумажнік

πορτοφόλι

крэдытная картка

πιστωτική κάρτα

сумка

τσάντα

пакет

πλαστική σακούλα

супермаркет - σούπερ μάρκετ

вада

νερό

сок

χυμός

малако

γάλα

кола

κόκα κόλα

віно

κρασί

піва

μπίρα

алкаголь

αλκοόλ

какава

κακάο

гарбата (чай)

τσάι

кава

καφές

эспрэса

εσπρέσο

капучына

καπουτσίνο

банан
μπανάνα

яблык
μήλο

апельсін
πορτοκάλι

дыня
πεπόνι

лімон
λεμόνι

морква
καρότο

часнок
σκόρδο

бамбук
μπαμπού

цыбуля
κρεμμύδι

грыб
μανιτάρι

арэхі
ξηροί καρποί

локшына
νουντλς

спагеці

μακαρόνια

рыс

ρύζι

салата

σαλάτα

бульба фры

πατατάκια

смажаная бульба

τηγανητές πατάτες

піца

πίτσα

гамбургер

χάμπουργκερ

бутэрброд

σάντουιτς

шніцаль

κοτολέτα

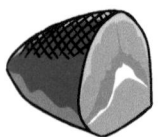

вяндліна

ζαμπόν

салямі

σαλάμι

каўбаса

λουκάνικο

курыца

κοτόπουλο

смажаніна

ψητό

рыбак

ψάρι

аўсяныя камякі

χυλός βρώμης

мюслі

μούσλι

кукурузныя шматкі

κορν φλέικς

мука

αλεύρι

круасан

κρουασάν

булачка

ψωμάκι

хлеб

ψωμί

тост

τοστ

пячэнне

μπισκότα

масла

βούτυρο

тварог

τυρόπηγμα

пірог

κέικ

яйка

αυγό

яечня

τηγανητό αυγό

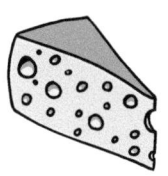

сыр

τυρί

марожанае

παγωτό

цукар

ζάχαρη

мёд

μέλι

варэнне

μαρμελάδα

нуга

άλλειμμα σοκολάτας

кары

κάρυ

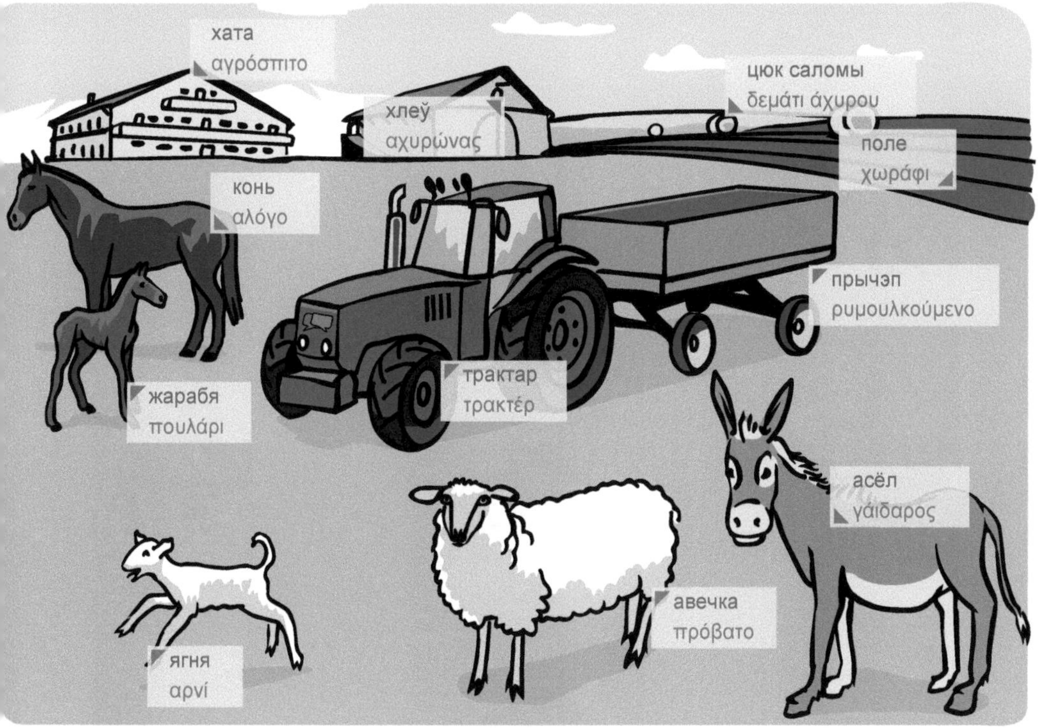

хата
αγρόσπιτο

цюк саломы
δεμάτι άχυρου

хлеў
αχυρώνας

поле
χωράφι

конь
αλόγο

прычэп
ρυμουλκούμενο

трактар
τρακτέρ

жарабя
πουλάρι

асёл
γάιδαρος

авечка
πρόβατο

ягня
αρνί

каза
катσíка

карова
αγελάδα

цяля
μοσχαράκι

свіння
γουρούνι

парася
γουρουνάκι

бык
ταύρος

гусак
χήνα

качка
πάπια

кураня
κοτοπουλάκι

курыца
κότα

певень
κόκορας

пацук
αρουραίος

кот
γάτα

мыш
ποντίκι

вол
βόδι

сабака
σκύλος

сабачая будка
σπιτάκι σκύλου

садовы шланг
λάστιχο κήπου

палівачка
ποτιστήρι

каса
θεριστήρι

плуг
αλέτρι

серп

дрепа́νι

матыка

τσάπα

вілы для гною

δίκρανο

сякера

τσεκούρι

тачка

χειράμαξα

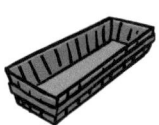

карыта

ταΐστρα

бітон для малака

δοχείο γάλακτος

мех

σάκος

плот

φράχτης

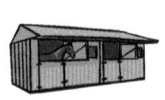

хлеў

στάβλος

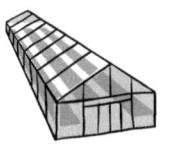

цяпліца

θερμοκήπιο

глеба

έδαφος

насенне

σπόρος

угнаенне

λίπασμα

камбайн

θεριζοαλωνιστική μηχανή

збіраць ураджай

θερίζω

ураджай

συγκομιδή

ямс

γιαμς

пшаніца

σιτάρι

соя

σόγια

бульба

πατάτα

кукуруза

καλαμπόκι

рапс

κράμβη

садовае дрэва

οπωροφόρο δέντρο

маніёк

μανιόκα

збожжа

δημητριακά

сядзіба - αγρόκτημα

дом

σπίτι

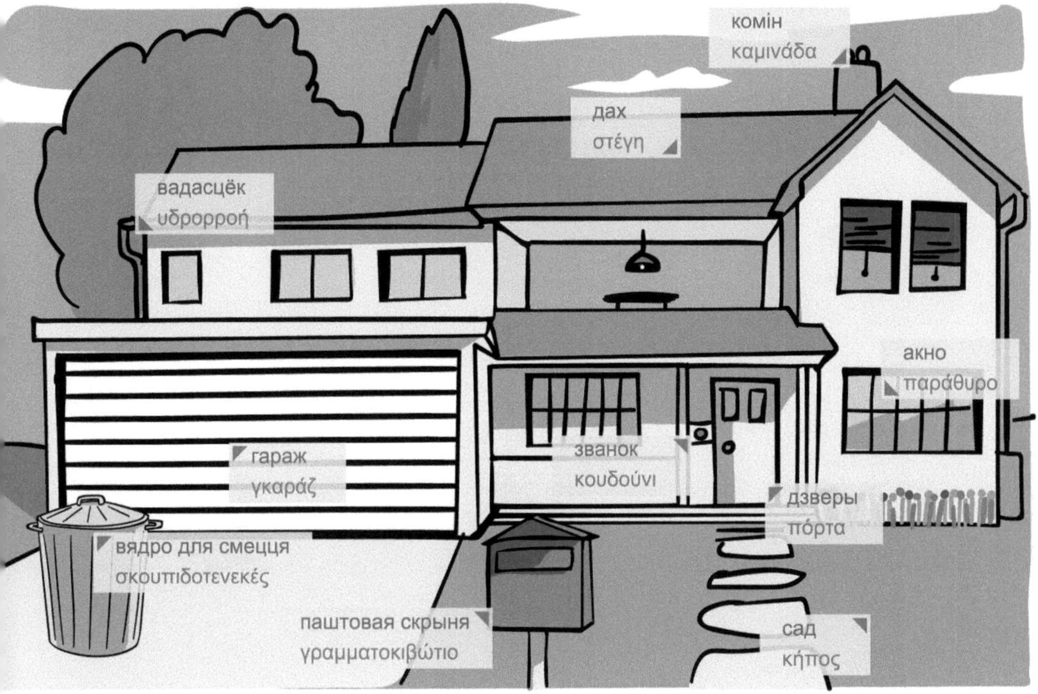
комін
καμινάδα
дах
στέγη
вадасцёк
υδρορροή
акно
παράθυρο
гараж
γκαράζ
званок
κουδούνι
дзверы
πόρτα
вядро для смецця
σκουπιδοτενεκές
паштовая скрыня
γραμματοκιβώτιο
сад
κήπος

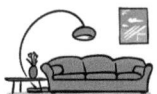

жылы пакой

σαλόνι

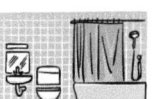

ванная

μπάνιο

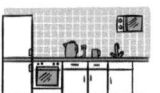

кухня

κουζίνα

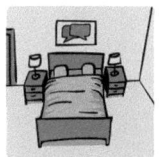

спальны пакой

υπνοδωμάτιο

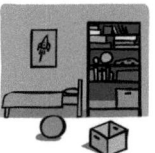

дзіцячы пакой

παιδικό δωμάτιο

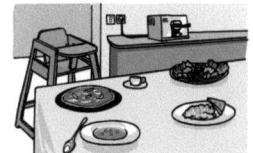

сталоўка

τραπεζαρία

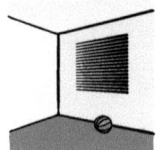

падлога

πάτωμα

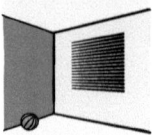

сцяна

τοίχος

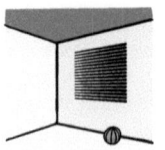

столь

οροφή

падвал

κελάρι

саўна

σάουνα

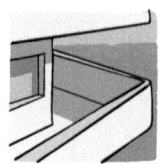

балкон

μπαλκόνι

тэраса

βεράντα

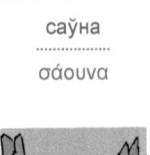

басейн

πισίνα

касілка

μηχανή του γκαζόν

падкоўдранік

σεντόνι

коўдра

κάλυμμα κρεβατιού

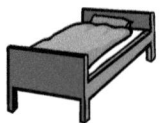

ложак

κρεβάτι

венік

σκούπα

вядро

κουβάς

выключальнік

διακόπτης

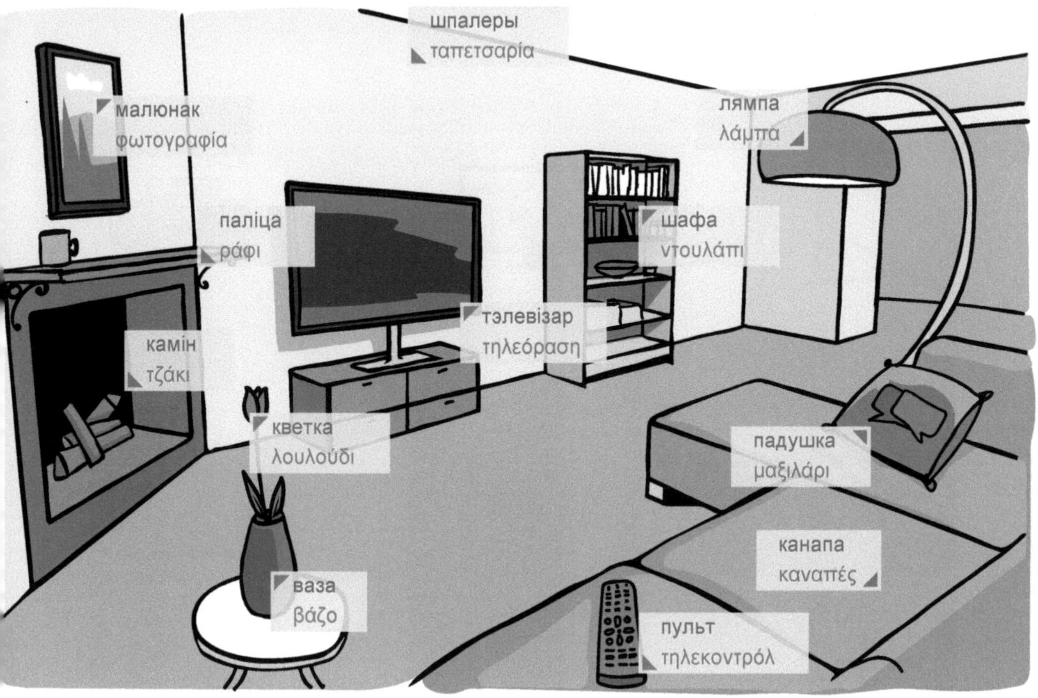

шпалеры
ταπετσαρία

малюнак
φωτογραφία

лямпа
λάμπα

паліца
ράφι

шафа
ντουλάπι

камін
τζάκι

тэлевізар
τηλεόρασῃ

квегка
λουλούδι

падушка
μαξιλάρι

канапа
καναπές

ваза
βάζο

пульт
τηλεκοντρόλ

дыван
χαλί

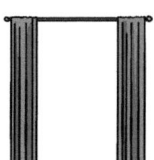

фіранка
κουρτίνα

стол
τραπέζι

крэсла
καρέκλα

крэсла-качалка
κουνιστή πολυθρόνα

крэсла
πολυθρόνα

кніга

вιβλίο

коўдра

κουβέρτα

дэкарацыя

διακόσμηση

дровы

καυσόξυλα

кіно

ταινία

стэрэасістэма

στερεοφωνικό σύστημα

ключ

κλειδί

газета

εφημερίδα

карціна

πίνακας ζωγραφικής

постар

αφίσα

радыё

ραδιόφωνο

нататнік

σημειωματάριο

пыласос

ηλεκτρική σκούπα

кактус

κάκτος

свечка

κερί

кухня

κουζίνα

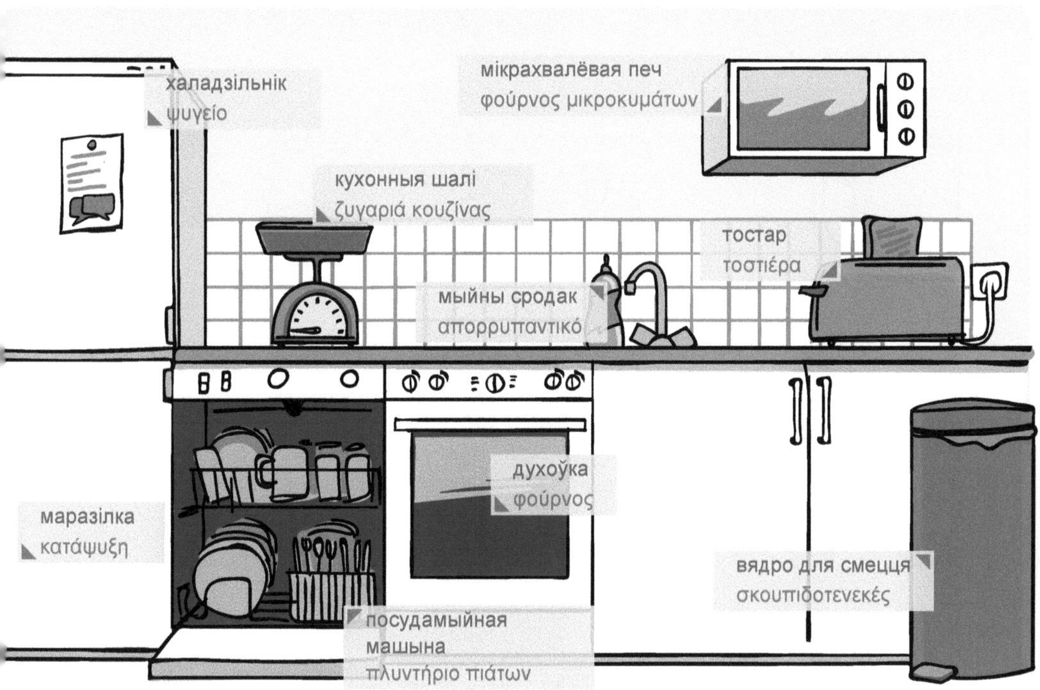
халадзільнік
ψυγείο
мікрахвалёвая печ
φούρνος μικροκυμάτων
кухонныя шалі
ζυγαριά κουζίνας
тостар
τοστιέρα
мыйны сродак
απορρυπαντικό
духоўка
φούρνος
маразілка
κατάψυξη
вядро для смецця
σκουπιδοτενεκές
посудамыйная машына
πλυντήριο πιάτων

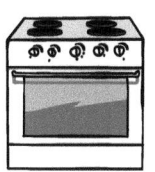

пліта
κουζίνα

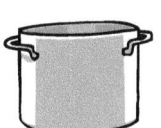

рондаль
κατσαρόλα

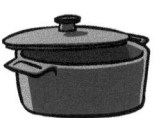

чыгунок
μαντεμένια κατσαρόλα

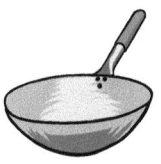

Вок / кадаі
γουόκ/καντάι

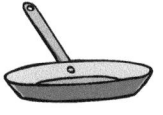

патэльня
τηγάνι

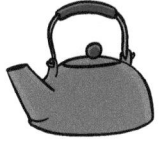

чайнік
βραστήρας

параварка

ατμομάγειρας

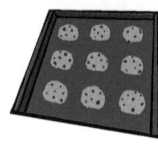

бляха

ταψί

посуд

πιατικά

кубак

κούπα

міска

μπολ

палачкі для ежы

ξυλάκια

чарпак

κουτάλα

лапатачка

σπάτουλα

збівалка

ανακατεύω

сіта для варэння

σουρωτήρι

сіта

σουρωτηράκι

тарка

τρίφτης

ступка

γουδί

грыль

ψησταριά

вогнішча

ανοιχτή φωτιά

дошка

σανίδα κοπής

качалка

πλάστης

штопар

ανοιχτήρι φελλών

бляшанка

κονσέρβα

адкрывалка

ανοιχτήρι κονσέρβας

прыхваткі

γάντι φούρνου

ракавіна

νεροχύτης

шчотка

βούρτσα

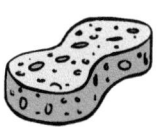

губка

σφουγγάρι

міксер

μπλέντερ

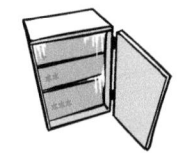

маразільная камера

καταψύκτης

бутэлечка

μπιμπερό

вадаправодны кран

βρύση

ванная

μπάνιο

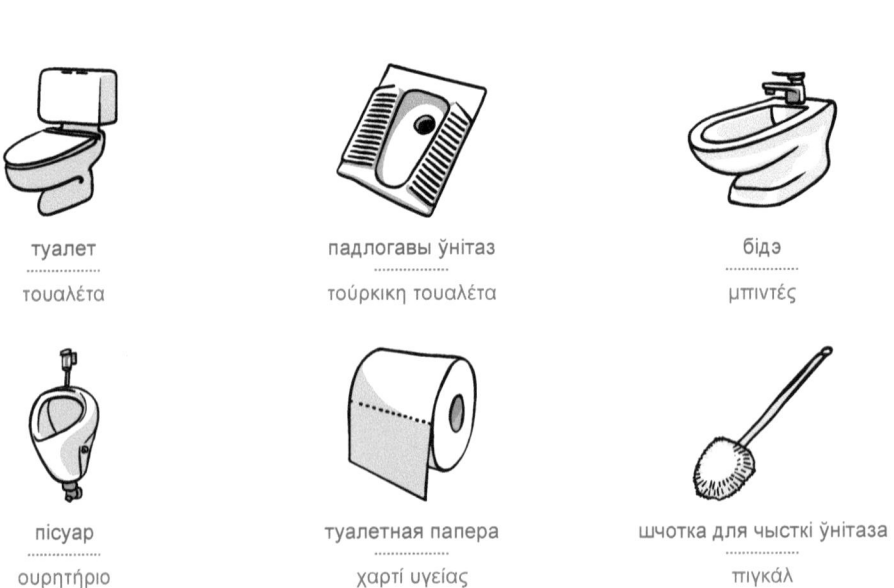

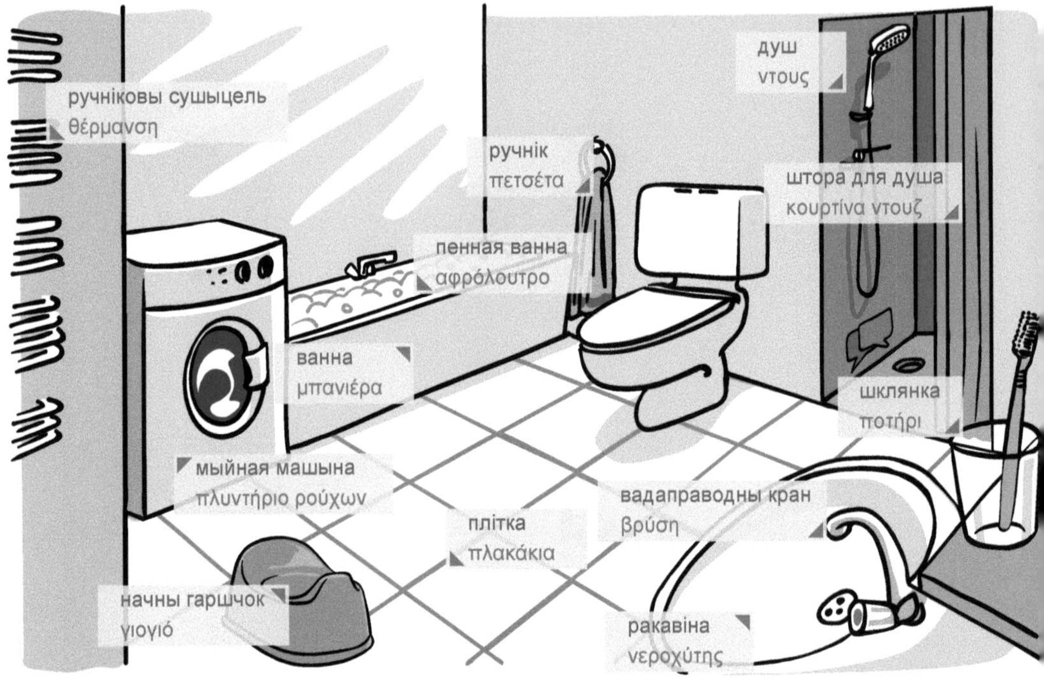

душ
ντους
ручніковы сушыцель
θέρμανση
ручнік
πετσέτα
штора для душа
κουρτίνα ντουζ
пенная ванна
αφρόλουτρο
ванна
μπανιέρα
шклянка
ποτήρι
мыйная машына
πλυντήριο ρούχων
вадаправодны кран
βρύση
плітка
πλακάκια
начны гаршчок
γιογιό
ракавіна
νεροχύτης

туалет

τουαλέτα

падлогавы ўнітаз

τούρκικη τουαλέτα

бідэ

μπιντές

пісуар

ουρητήριο

туалетная папера

χαρτί υγείας

шчотка для чысткі ўнітаза

πιγκάλ

зубная шчотка

одонтόβουρτσα

зубная паста

οδοντόκρεμα

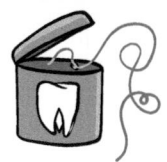

зубная нітка

οδοντικό νήμα

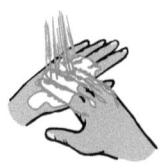

мыць

πλένω

ручны душ

τηλέφωνο ντους

інтымны душ

ντουσιέρα

умывальнік

λεκάνη

шчотка для спіны

βούρτσα πλάτης

мыла

σαπούνι

гель для душа

αφρόλουτρο

шампунь

σαμπουάν

вяхотка

φανέλα

вадасцёк

σιφόνι

крэм

κρέμα

дэзадарант

αποσμητικό

люстэрка

καθρέφτης

касметычнае люстэрка

καθρέφτης χειρός

станок для галення

ξυραφάκι

пена для галення

αφρός ξυρίσματος

ласьён пасля галення

αφτερσέιβ

грэбень

χτένα

шчотка

βούρτσα

фен

σεσουάρ

лак для валасоў

λακ

касметыка

μακιγιάζ

памада

κραγιόν

лак для пазногцяў

βερνίκι νυχιών

вата

βαμβάκι

манікюрныя нажніцы

ψαλίδι νυχιών

духі

άρωμα

касметычка

νεσεσέρ

табурэтка

σκαμπό

вагі

ζυγαριά

лазневы халат

μπουρνούζι

санітарныя пальчаткі

ελαστικά γάντια

тампон

ταμπόν

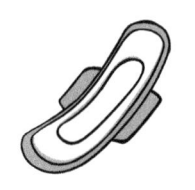

гігіенічныя пракладкі

πετσέτα υγιεινής

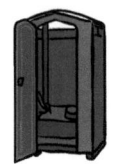

біятуалет

χημική τουαλέτα

дзіцячы пакой

παιδικό δωμάτιο

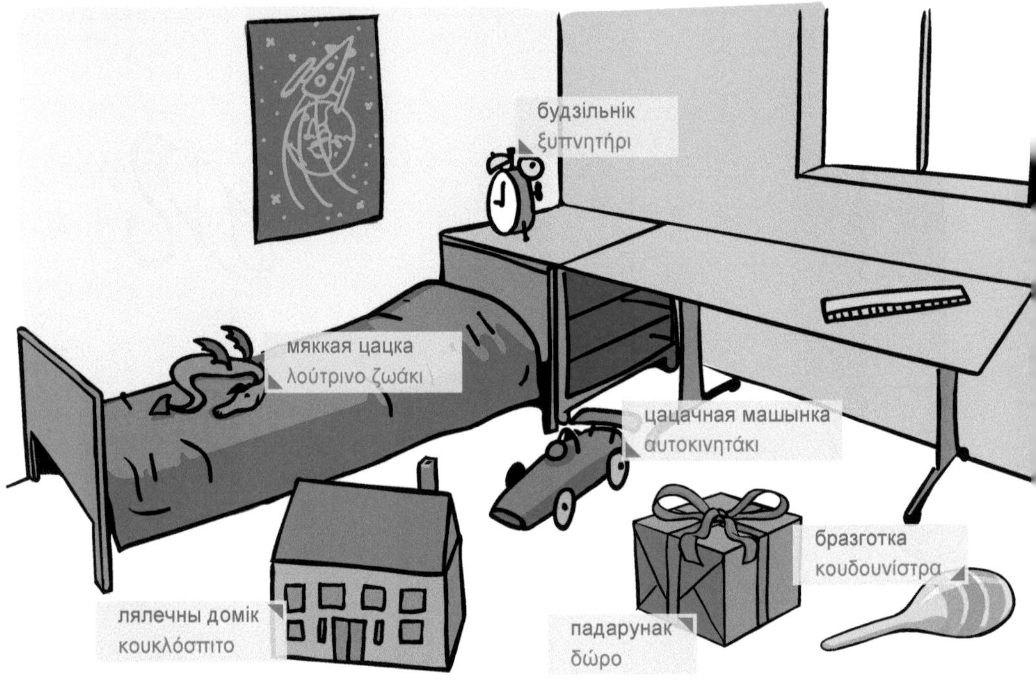
будзільнік
ξυπνητήρι
мяккая цацка
λούτρινο ζωάκι
цацачная машынка
αυτοκινητάκι
бразготка
κουδουνίστρα
лялечны домік
κουκλόσπιτο
падарунак
δώρο

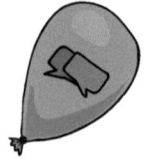

надзіманы шарык

μπαλόνι

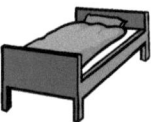

ложак

κρεβάτι

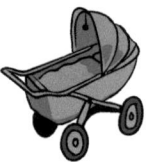

дзіцячая каляска

καροτσάκι

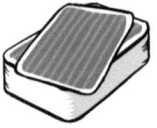

калода картаў

τράπουλα

пазл

παζλ

SUPER
MEGA

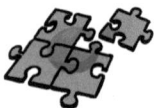

комікс

κόμικς

канструктар "Лега"

τουβλάκια lego

канструктар

τουβλάκια κατασκευών

экшэн-фігурка

φιγούρα δράσης

дзіцячы гарнітур

βρεφικό φορμάκι

фрызбі

φρίσμπι

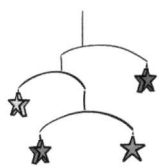

дзіцячы мабіль

μόμπιλο

настольная гульня

επιτραπέζιο παιχνίδι

кубік

ζάρια

дзіцячая чыгунка

σετ τρενάκι

пустышка

τιπτίλα

дзіцячае свята

πάρτι

кніга з малюнкамі

εικονογραφημένο βιβλίο

мячык

μπάλα

лялька

κούκλα

гуляцца

παίζω

пясочніца

σκάμμα με άμμο

арэлі

κούνια

цацкі

παιχνίδια

гульнявая відэа прыстаўка

κονσόλα βιντεοπαιχνιδιών

трохколавы ровар

τρίκυκλο

плюшавы мішка

αρκουδάκι

шафа

ντουλάπα

адзенне

ρούχα

шкарпэткі

κάλτσες

панчохі

καλτσοδέτες

калготкі

καλσόν

шалік
κασκόλ

парасон
ομπρέλα

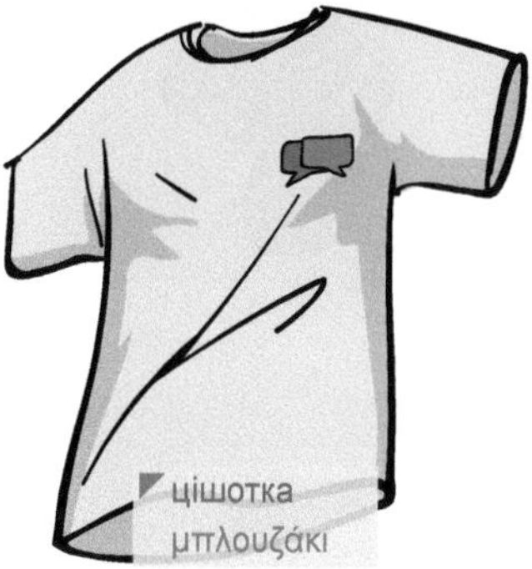

цішотка
μπλουζάκι

рамень
ζώνη

боты
μπότες

пантоплі
παντόφλες

красоўкі
αθλητικά παπούτσια

сандалі
σανδάλια

абутак
παπούτσια

гумовыя боты
γαλότσες

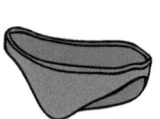

трусы
εσώρουχο

бюстгальтар
σουτιέν

майка
φανέλα

бодзі

σώμα

штаны

παντελόνι

джынсы

τζιν παντελόνι

спадніца

φούστα

блузка

μπλούζα

кашуля

πουκάμισο

джэмпер

πουλόβερ

талстоўка

πουλόβερ

блэйзер

σακάκι

куртка

μπουφάν

паліто

παλτό

дажджавік

αδιάβροχο πανωφόρι

касцюм

κοστούμι

сукенка

φόρεμα

вясельная сукенка

νυφικό

касцюм

костоύμι

начная сарочка

νυχτικό

піжама

πιτζάμες

сары

σάρι

хустка

μαντήλι

цюрбан

τουρμπάνι

паранджа

μπούρκα

каптан

καφτάνι

Абая

μουσουλμανικό ένδυμα

купальнік

ολόσωμο μαγιό

плаўкі

ανδρικό μαγιό

шорты

σορτς

спартыўны касцюм

αθλητική φόρμα

фартух

ποδιά

пальчаткі

γάντια

гузік

коυμπί

акуляры

γυαλιά

бранзалет

βραχιόλι

каралі

περιδέραιο

кальцо

δαχτυλίδι

завушніца

σκουλαρίκι

кепка

καπέλο

вешалка

κρεμάστρα

капялюш

καπέλο

гальштук

γραβάτα

маланка

φερμουάρ

шлем

κράνος

падцяжкі

τιράντες

школьная форма

μαθητική στολή

уніформа

στολή

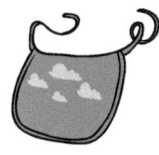

нагруднік

σαλιάρα

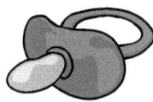

пустышка

πιπίλα

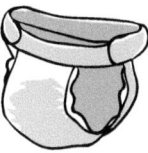

падгузнік

πάνα

офіс
γραφείο

сервер
σέρβερ
канцылярская шафа
αρχειοθήκη
прынтэр
εκτυπωτής
папера
χαρτί
манітор
οθόνη
пісьмовы стол
γραφείο
мыш
ποντίκι
тэчка
ντοσιέ
клавіятура
πληκτρολόγιο
смеццевы кошык
καλάθι αχρήστων
кампутар
υπολογιστής
крэсла
καρέκλα

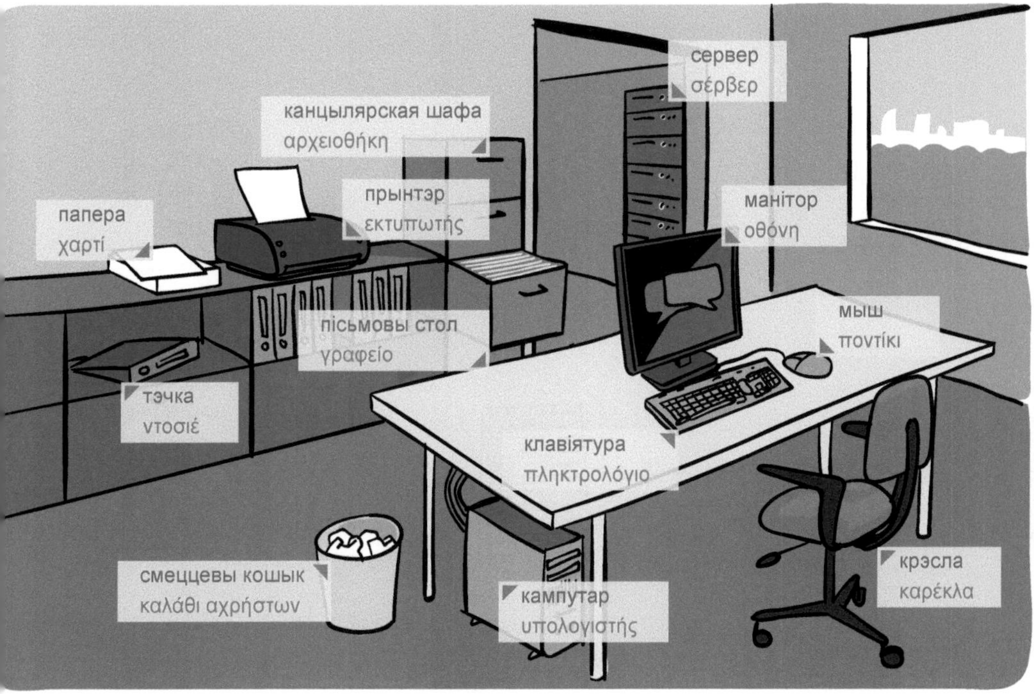

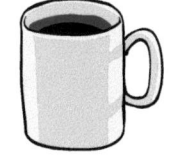

кубак для кавы (філіжанка)

κούπα του καφέ

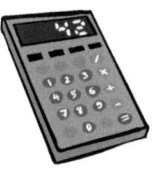

калькулятар

κομπιουτεράκι

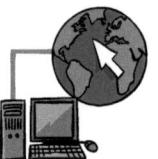

інтэрнэт

ίντερνετ

ноўтбук

λάπτοπ

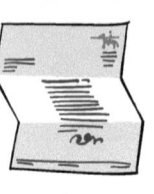

ліст

γράμμα

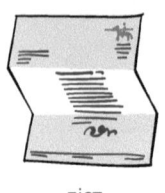

паведамленне

μήνυμα

мабільны тэлефон

κινητό

сетка

δίκτυο

ксеракс

φωτοτυπικό μηχάνημα

праграмнае забеспячэнне

λογισμικό

тэлефон

τηλέφωνο

разетка

πρίζα

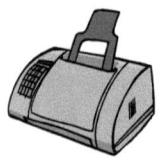

факс

συσκευή φαξ

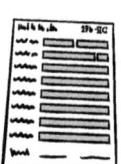

фармуляр

έντυπο

дакумент

έγγραφο

купляць

αγοράζω

плаціць

πληρώνω

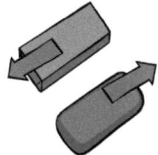

гандляваць

συναλλάσσομαι

грошы

χρήματα

долар

δολάριο

еўра

ευρώ

ена

γιεν

рубель

ρούβλι

франк

ελβετικό φράγκο

кітайскі юань

ρενμίνμπι γιουάν

рупія

ρουπία

банкамат

ATM (αυτόματη ταμειακή μηχανή)

абменны пункт

анталλακτήρια
συναλλάγματος

золата

χρυσός

срэбра

ασήμι

нафта

πετρέλαιο

энергія

ενέργεια

цана

τιμή

кантракт

συμβόλαιο

падатак

φόρος

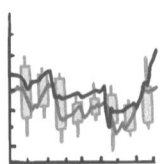

акцыя

μετοχή

працаваць

δουλεύω

служачы

υπάλληλος

працадаўца

εργοδότης

фабрыка

εργοστάσιο

крама

κατάστημα

паліцыянт
αστυνόμος

пажарны
πυροσβέστης

пілот
πιλότος

кухар
μάγειρας

доктар
γιατρός

садоўнік
κηπουρός

слесар
ξυλουργός

швачка
μοδίστρα

суддзя
δικαστής

хімік
χημικός

артыст
ηθοποιός

кіроўца аўтобуса

οδηγός λεωφορείου

таксіст

ταξιτζής

рыбак

ψαράς

прыбіральшчыца

καθαρίστρια

страхар

τεχνίτης στεγών

афіцыянт

σερβιτόρος

паляўнічы

κυνηγός

мастак

ζωγράφος

пекар

αρτοποιός

электрык

ηλεκτρολόγος

будаўнік

οικοδόμος

інжынер

μηχανολόγος

мяснік

κρεοπώλης

сантэхнік

υδραυλικός

паштальён

ταχυδρόμος

салдат

στρατιώτης

архітэктар

αρχιτέκτονας

касір

ταμίας

фларыст

ανθοπώλης

цырульнік

κομμωτής

кандуктар

ελεγκτής εισιτηρίων

механік

μηχανικός

капітан

καπετάνιος

стаматолаг

οδοντίατρος

вучоны

επιστήμονας

рабін

ραβίνος

імам

ιμάμης

манах

μοναχός

святар

ιερέας

інструменты

εργαλεία

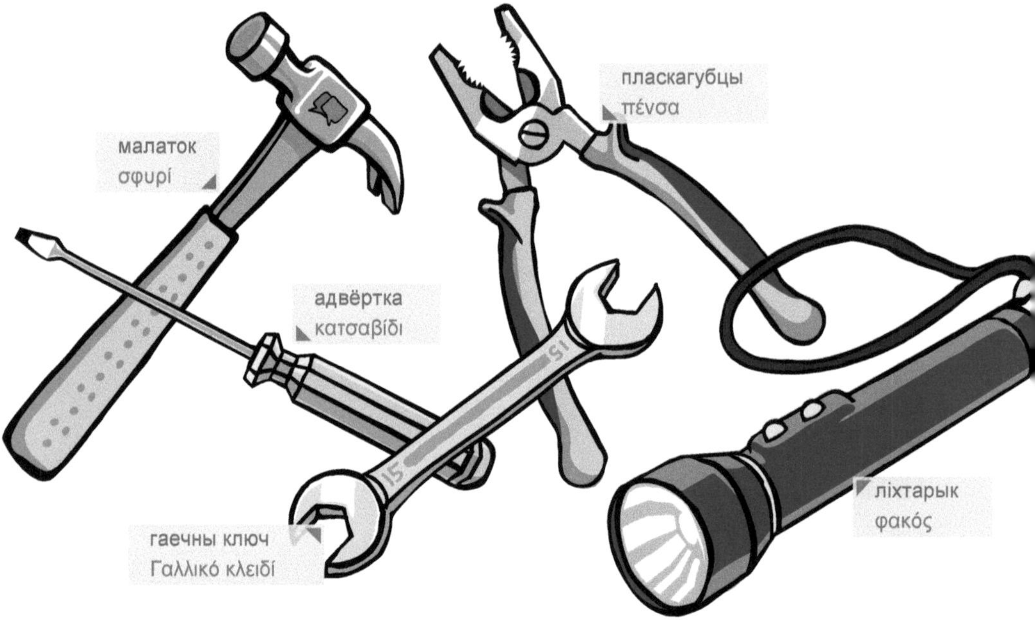
малаток
σφυρί
пласкагубцы
πένσα
адвёртка
κατσαβίδι
гаечны ключ
Γαλλικό κλειδί
ліхтарык
φακός

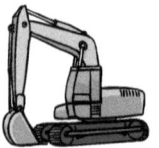

экскаватар

εκσκαφέας

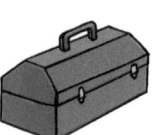

скрыня для інструментаў

εργαλειοθήκη

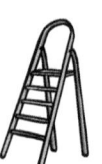

дравіны

σκάλα

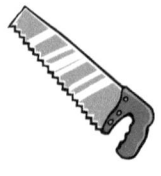

піла

πριόνι

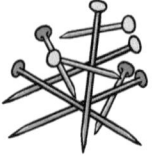

цвікі

καρφιά

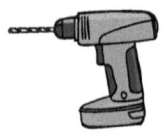

дрыль

τρυπάνι

рамантаваць

επισκευάζω

рыдлеўка

φτυάρι

Халера!

Να πάρει!

шуфлік для смецця

φαράσι

вядро з фарбаю

δοχείο χρωμάτων

балты

βίδες

музычныя інструменты
μουσικά όργανα

калонкі
μεγάφωνο

ударны інструмент
ντραμς

гітара
κιθάρα

кантрабас
κοντραμπάσο

труба
τρομπέτα

піяніна

πιάνο

скрыпка

βιολί

басгітара

μπάσο

літаўры

τύμπανα

барабан

τύμπανο

клавішны электрамузычны
інструмент

πλήκτρα

саксафон

σαξόφωνο

флейта

φλάουτο

мікрафон

μικρόφωνο

заапарк

ζωολογικός κήπος

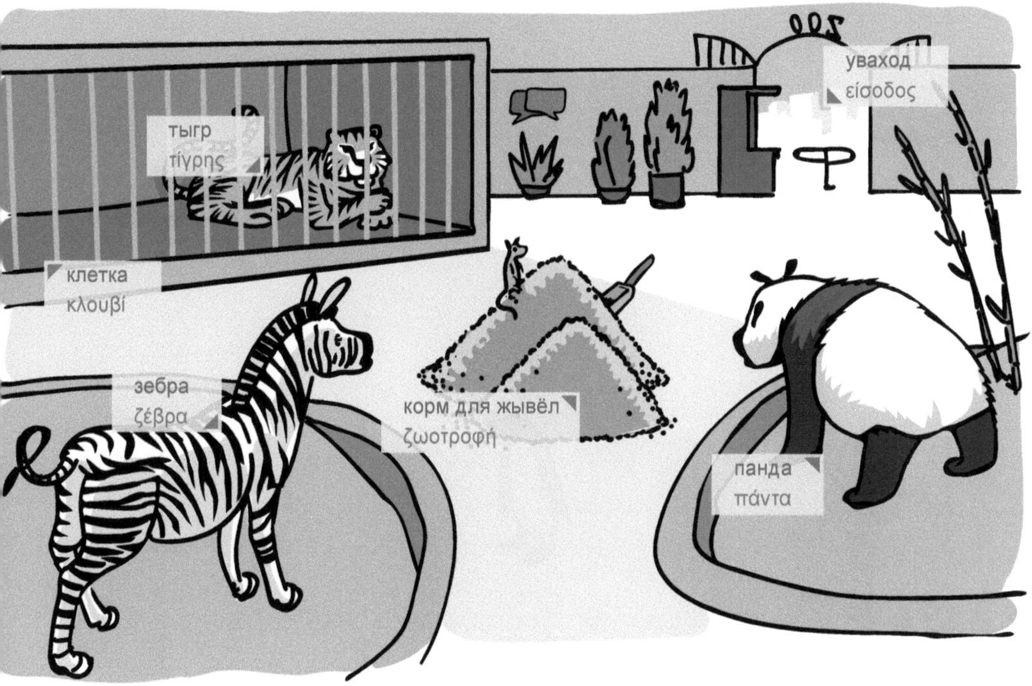

увaход
είσοδος
тыгр
τίγρης
клетка
κλουβί
зебра
ζέβρα
корм для жывёл
ζωοτροφή
панда
πάντα

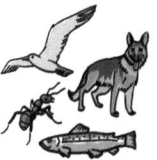

жывёлы

ζώα

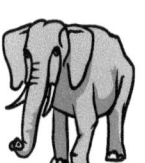

слон

ελέφαντας

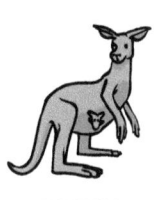

кенгуру

καγκουρό

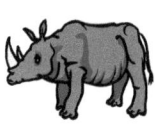

насарог

ρινόκερος

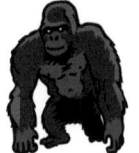

гарыла

γορίλας

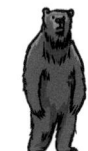

мядзведзь

αρκούδα

вярблюд

καμήλα

стравус

στρουθοκάμηλος

леў

λιοντάρι

малпа

πίθηκος

фламінга

φλαμίνγκο

папугай

παπαγάλος

белы мядзведзь

πολική αρκούδα

пінгвін

πιγκουίνος

акула

καρχαρίας

паўлін

παγώνι

змяя

φίδι

кракадзіл

κροκόδειλος

наглядчык заапарка

φύλακας ζωολογικού κήπου

цюлень

φώκια

ягуар

τζάγκουαρ

поні
пόνυ

леапард
λεοπάρδαλη

бегемот
ιπποπόταμος

жыраф
καμηλοπάρδαλη

арол
αετός

дзік
αγριογούρουνο

рыбак
ψάρι

чарапаха
χελώνα

морж
θαλάσσιος ίππος

ліса
αλεπού

газель
γαζέλα

американскі футбол
Αμερικάνικο ποδόσφαιρο

веласпорт
ποδηλασία

тэніс
αντισφαίριση

баскетбол
μπάσκετ

плаванне
κολύμβηση

бокс
πυγχαμία

хакей з шайбай
χόκεϋ επί πάγου

футбол
ποδόσφαιρο

бадмінтон
μπάντμιντον

лёгкая атлетыка
στίβος

гандбол
χάντμπολ

горныя лыжы
σκι

пола
πόλο

дзейнасць
δραστηριότητες

смяяцца
γελάω
скакаць
πηδάω
абдымаць
αγκαλιάζω
ісці
περπατάω
спяваць
τραγουδάω
марыць
ονειρεύομαι
маліцца
προσεύχομαι
цалаваць
φιλάω

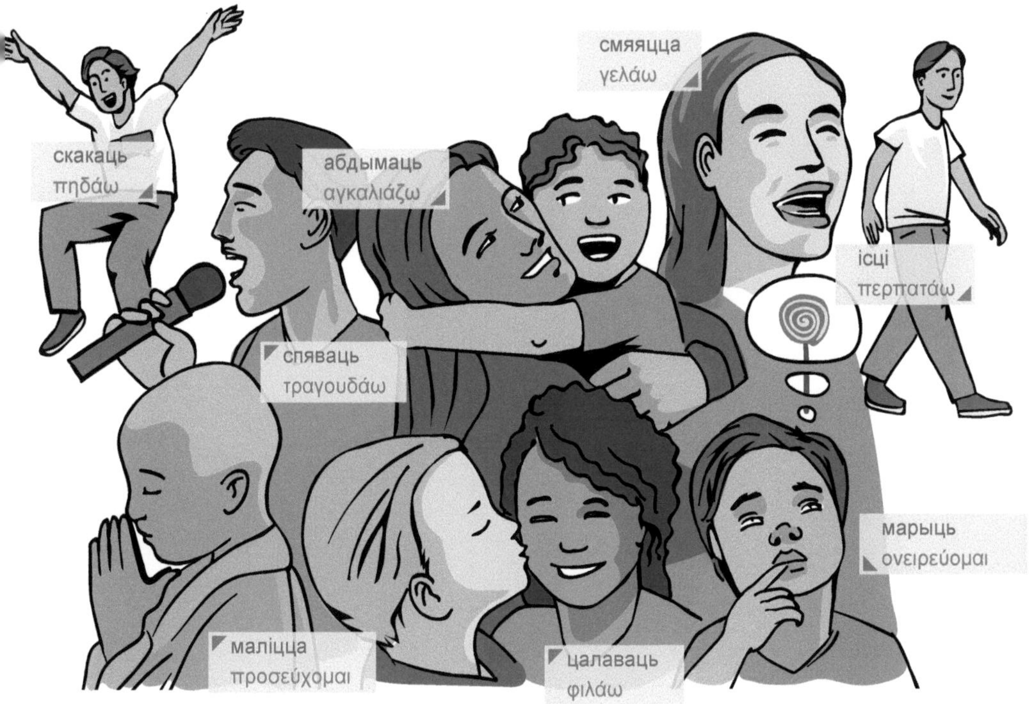

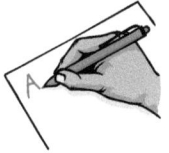

пісаць

γράφω

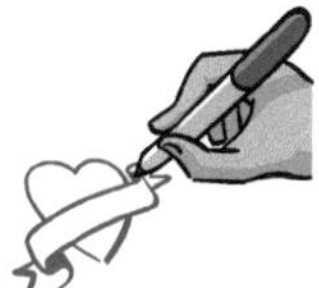

маляваць

σχεδιάζω

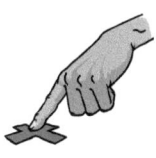

паказваць

δείχνω

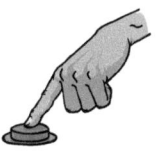

націснуць

πιέζω

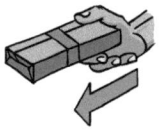

даваць

δίνω

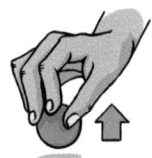

браць

παίρνω

маць

έχω

выконваць

κάνω

быць

είμαι

стаяць

στέκομαι

бегчы

τρέχω

цягнуць

τραβάω

кідаць

ρίχνω

падаць

πέφτω

ляжаць

ξαπλώνω

чакаць

περιμένω

насіць

κουβαλώ

сядзець

κάθομαι

апранацца

φοράω

спаць

κοιμάμαι

прачынацца

ξυπνάω

глядзець

коιτάω

плакаць

κλαίω

лашчыць

χαϊδεύω

прычэсвацца

χτενίζω

гаварыць

μιλάω

разумець

καταλαβαίνω

пытаць

ρωτάω

чуць

ακούω

піць

πίνω

есці

τρώω

прыбіраць

συγυρίζω

кахаць

αγαπάω

гатаваць

μαγειρεύω

ехаць

οδηγώ

лятаць

πετάω

плаваць пад ветразем

κάνω ιστιοπλοΐα

лічыць

υπολογίζω

чытаць

διαβάζω

вучыць

μαθαίνω

працаваць

δουλεύω

уступаць у шлюб

παντρεύομαι

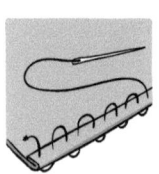

шыць

ράβω

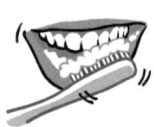

чысціць зубы

βουρτσίζω τα δόντια

забіваць

σκοτώνω

курыць

καπνίζω

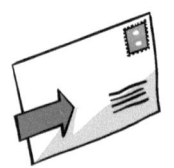

пасылаць

στέλνω

сям'я

οικογένεια

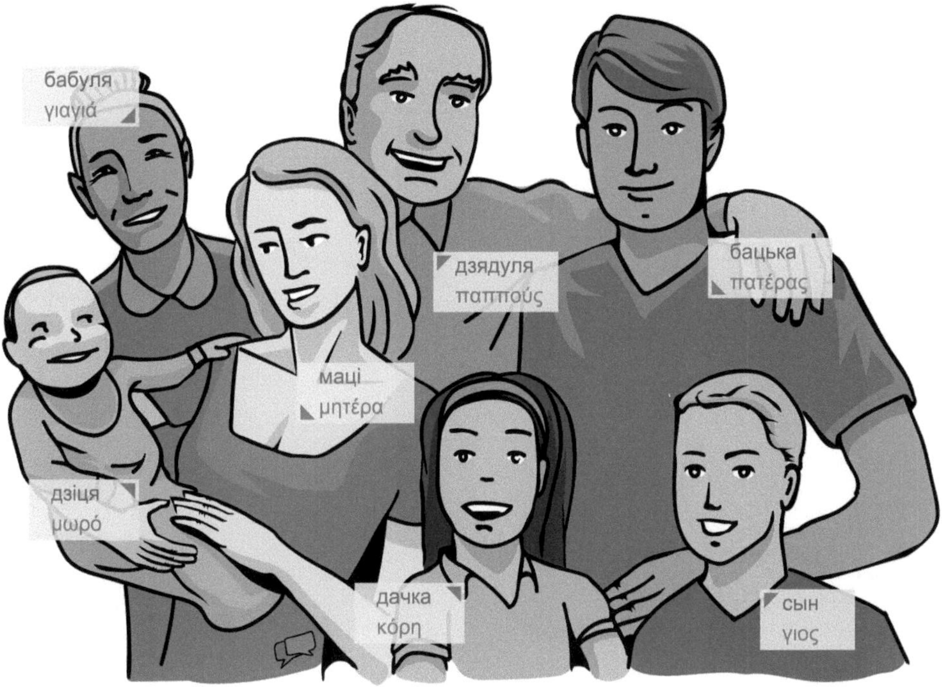
бабуля
γιαγιά
дзядуля
παππούς
бацька
πατέρας
маці
μητέρα
дзіця
μωρό
дачка
κόρη
сын
γιος

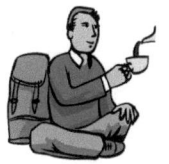

госць

καλεσμένος

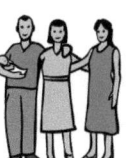

цётка

θεία

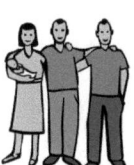

дзядзька

θείος

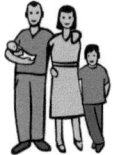

брат

αδελφός

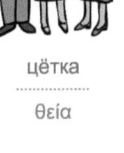

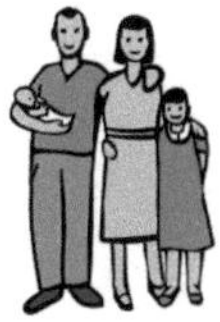

сястра

αδελφή

цела

σώμα

лоб
μέτωπο
вока
μάτι
плячо
ώμος
палец
δάχτυλο
твар
πρόσωπο
падбародак
πιγούνι
рука
χέρι
нага
πόδι
грудзі
στήθος
рука
βραχίονας

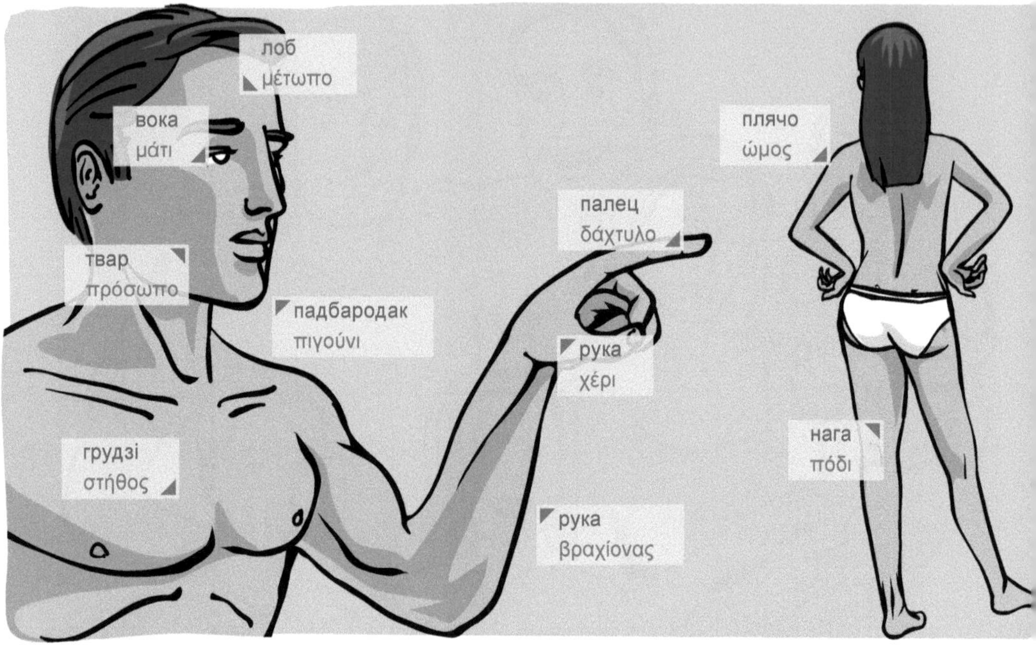

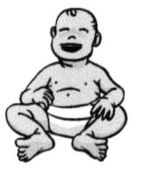

дзіця

μωρό

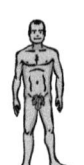

мужчына

άνδρας

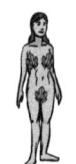

жанчына

γυναίκα

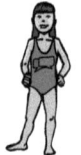

дзяўчынка

κορίτσι

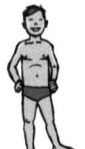

хлопчык

αγόρι

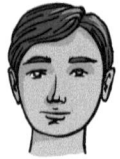

галава

κεφάλι

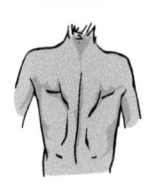

спіна

πλάτη

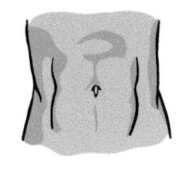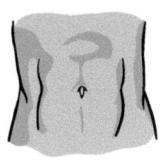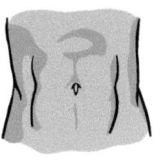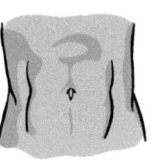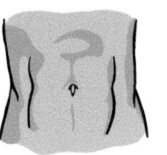

жывот

κοιλιά

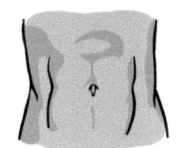

пуп

αφαλός

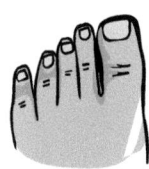

палец нагі

δάχτυλο ποδιού

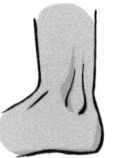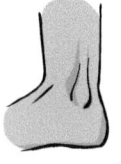

пятка

φτέρνα

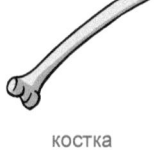

костка

κόκκαλο

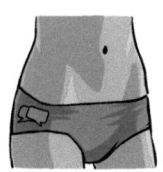

бядро

γοφός

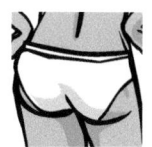

калена

γόνατο

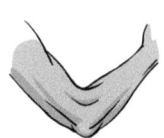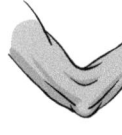

локаць

αγκώνας

нос

μύτη

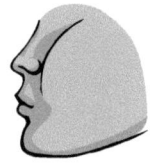

ягадзіца

γλουτός

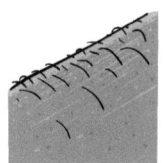

скура

δέρμα

шчака

μάγουλο

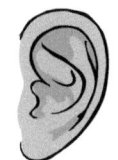

вуха

αυτί

губа

χείλος

рот

στόμα

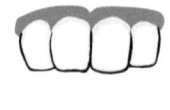

зуб

δόντι

язык

γλώσσα

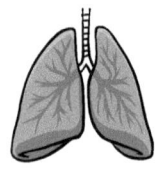

галаўны мозг

εγκέφαλος

сэрца

καρδιά

мышца

μυς

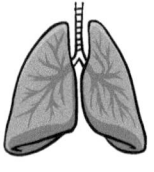

лёгкае

πνεύμονας

пячонка

συκώτι

страўнік

στομάχι

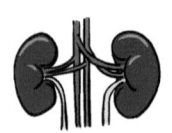

ныркі

νεφρά

сэкс

σεξουαλική επαφή

прэзерватыў

προφυλακτικό

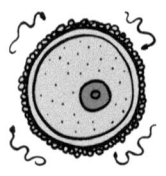

яйцаклетка

ωάριο

сперма

σπέρμα

цяжарнасць

εγκυμοσύνη

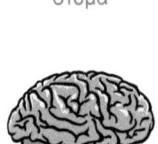
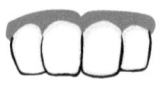

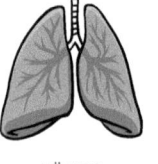
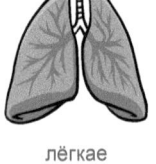
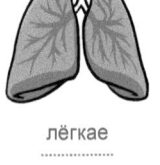

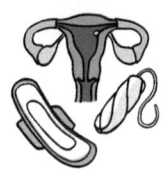

менструацыя
....
περίοδος

похва
....
γυναικείος κόλπος

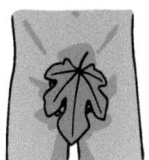

пеніс
....
πέος

брыво
....
φρύδι

валасы
....
μαλλιά

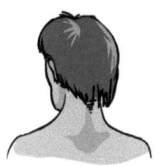

шыя
....
λαιμός

шпіталь

νοσοκομείο

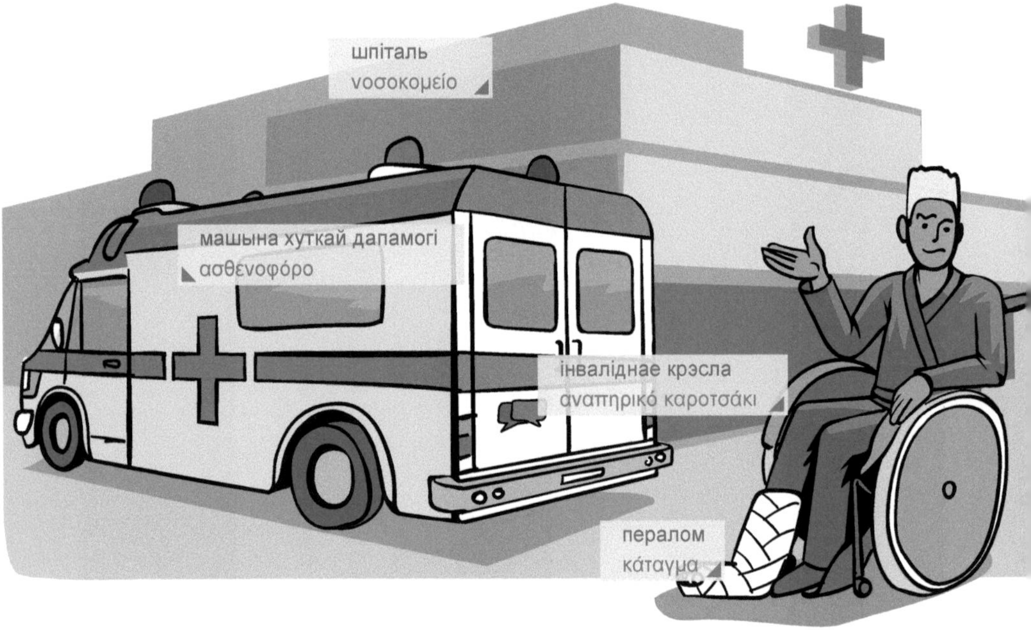

шпіталь
νοσοκομείο
машына хуткай дапамогі
ασθενοφόρο
інваліднае крэсла
αναπηρικό καροτσάκι
пералом
κάταγμα

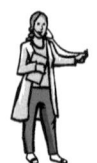

доктар

γιατρός

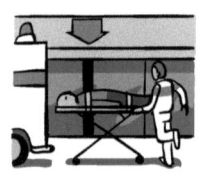

аддзяленне першай дапамогі

μονάδα εντατικής θεραπείας

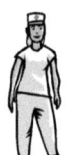

медсястра

νοσοκόμα

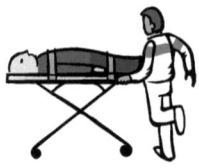

экстраная дапамога

έκτακτη ανάγκη

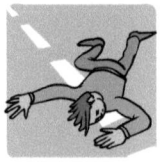

непрытомны

λιπόθυμος

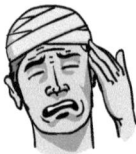

боль

πόνος

траўма

τραύμα

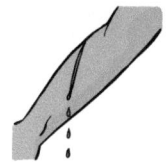

крывацёк

αιμορραγία

інфаркт

έμφραγμα

апаплексія

εγκεφαλικό

алергія

αλλεργία

кашаль

βήχας

гарачка

πυρετός

грып

γρίπη

панос

διάρροια

галаўны боль

πονοκέφαλος

рак

καρκίνος

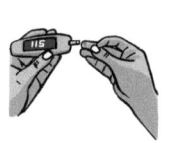

дыябет

διαβήτης

хірург

χειρουργός

скальпель

νυστέρι

аперацыя

εγχείρηση

КТ
αξονική τομογραφία

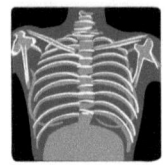

рэнтген
ακτινογραφία

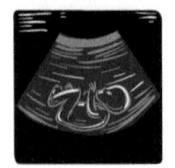

ультрагук
υπέρηχος

маска
μάσκα

хвароба
ασθένεια

пачакальня
αίθουσα αναμονής

мыліца
πατερίτσα

пластыр
χάνσαπλαστ

бінт
επίδεσμος

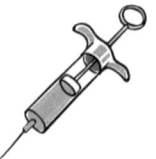

ін'екцыя
ένεση

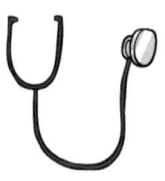

стэтаскоп
στηθοσκόπιο

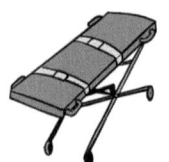

насілкі
φορείο

градуснік
θερμόμετρο

нараджэнне
γέννηση

лішняя вага
υπέρβαρο

слухавы апарат

ακουστικό βαρηκοΐας

дэзінфекцыйны сродак

αντισηπτικό

інфекцыя

λοίμωξη

вірус

ιός

ВІЧ/СНІД

HIV/AIDS

лекі

φάρμακο

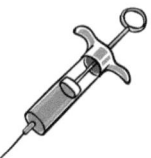

прышчэпка

εμβολιασμός

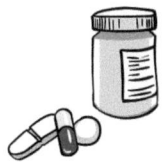

таблеткі

δισκία

супрацьзачаткавая таблетка

χάπι

экстраны выклік

κλήση έκτακτης ανάγκης

танометр

πιεσόμετρο αίματος

хворы / здаровы

άρρωστος / υγιής

Ратуйце!

Βοήθεια!

сігналізацыя

συναγερμός

напад

βιαιοπραγία

атака

επίθεση

небяспека

κίνδυνος

аварыйны выхад

έξοδος κινδύνου

Пажар!

Φωτιά!

вогнетушыцель

πυροσβεστήρας

аварыя

ατύχημα

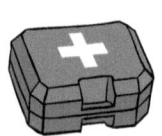

аптэчка

κουτί πρώτων βοηθειών

СОС

SOS

паліцыя

αστυνομία

Еўропа

Ευρώπη

Паўночная Амерыка

Βόρεια Αμερική

Паўднёвая Амерыка

Νότια Αμερική

Афрыка

Αφρική

Азія

Ασία

Аўстралія

Αυστραλία

Атлантычны акіян

Ατλαντικός Ωκεανός

Ціхі акіян

Ειρηνικός Ωκεανός

Індыйскі акіян

Ινδικός Ωκεανός

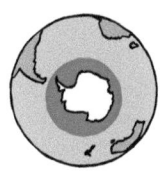

Паўднёвы ледавіты акіян

Ανταρκτικός Ωκεανός

Паўночны ледавіты акіян

Αρκτικός Ωκεανός

Паўночны полюс

Βόρειος Πόλος

Паўднёвы полюс

Νότιος Πόλος

Антарктыда

Ανταρκτική

Зямля

Γη

краіна

γη

мора

θάλασσα

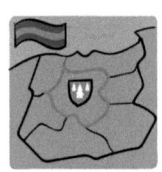

востраў

νησί

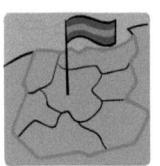

нацыя

έθνος

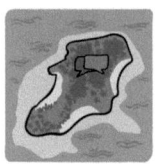

дзяржава

πολιτεία

цыферблат

κοντράν ρολογιού

гадзінная стрэлка

ωροδείκτης

хвілінная стрэлка

λεπτοδείκτης

секундная стрэлка

δείκτης δευτερολέπτων

Колькі часу?

Τι ώρα είναι;

дзень

ημέρα

час

χρόνος

зараз

τώρα

электронны гадзіннік

ψηφιακό ρολόι

хвіліна

λεπτό

гадзіна

ώρα

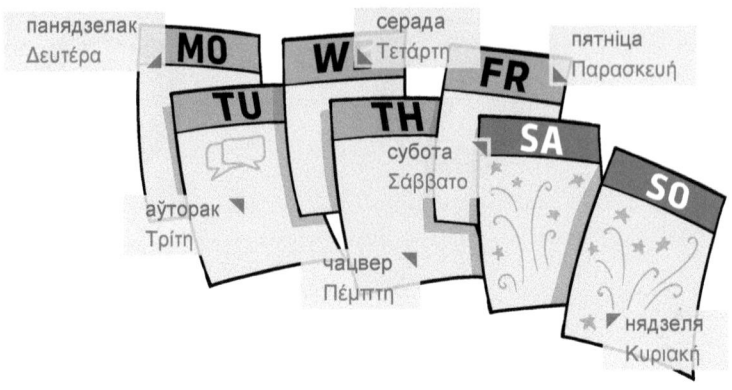

панядзелак
Δευτέρα

серада
Τετάρτη

пятніца
Παρασκευή

аўторак
Τρίτη

субота
Σάββατο

чацвер
Πέμπτη

нядзеля
Κυριακή

ўчора
....
χθες

сёння
....
σήμερα

заўтра
....
αύριο

раніца
....
πρωί

абед
....
μεσημέρι

вечар
....
βράδυ

MO	TU	WE	TH	FR	SA	SU
1	2	3	4	5	6	7
8	9	10	11	12	13	14
15	16	17	18	19	20	21
22	23	24	25	26	27	28
29	30	31	1	2	3	4

працоўныя дні
....
εργάσιμες ημέρες

MO	TU	WE	TH	FR	SA	SU
1	2	3	4	5	6	7
8	9	10	11	12	13	14
15	16	17	18	19	20	21
22	23	24	25	26	27	28
29	30	31	1	2	3	4

выхадныя
....
Σαββατοκύριακο

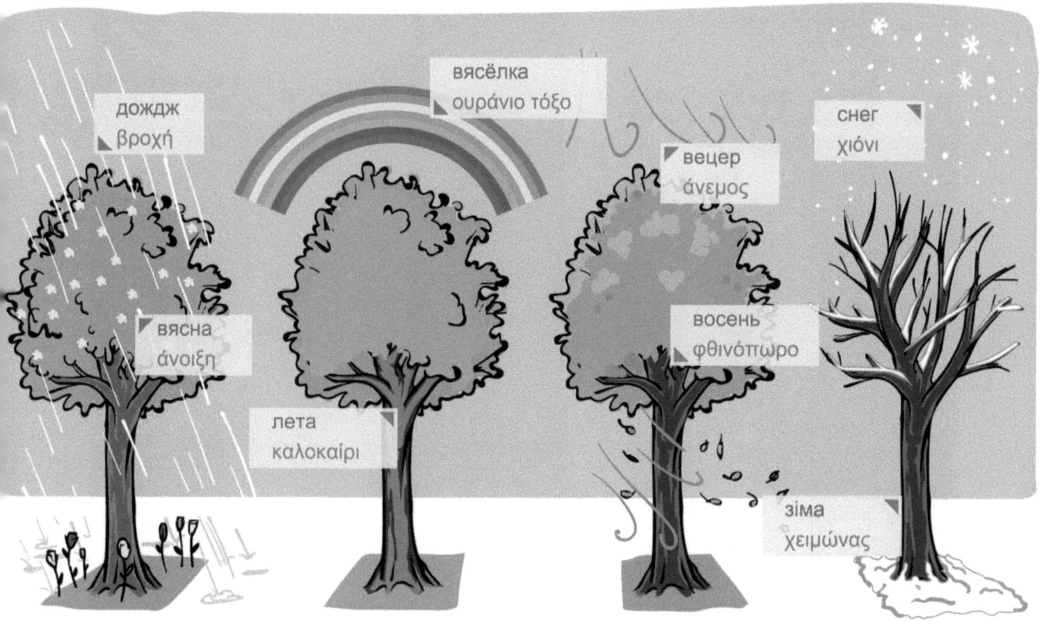

дождж
βροχή
вясёлка
ουράνιο τόξο
вецер
άνεμος
снег
χιόνι
вясна
άνοιξη
лета
καλοκαίρι
восень
φθινόπωρο
зіма
χειμώνας

4.APRIL 11°
5.APRIL 4°
6.APRIL 13°
7.APRIL 8°
8.APRIL 10°

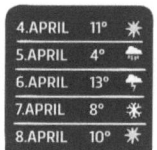

прагноз надвор'я

πρόγνωση καιρού

F
C
120
90
60
30
0
-30
40
30
20
10
0
-10
-20

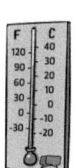

градуснік

θερμόμετρο

сонечнае святло

λιακάδα

воблака

σύννεφο

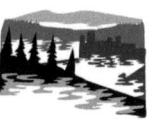

туман

ομίχλη

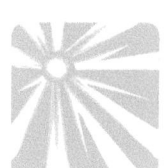

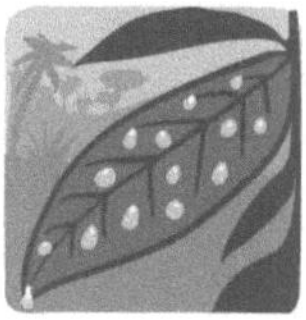

вільготнасць паветра

υγρασία

маланка

астрапή

гром

κεραυνός

бура

καταιγίδα

град

χαλάζι

мусонны вецер

μουσώνας

прыліў

πλημμύρα

лёд

πάγος

студзень

Ιανουάριος

люты

Φεβρουάριος

сакавік

Μάρτιος

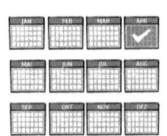

красавік

Απρίλιος

май

Μάιος

чэрвень

Ιούνιος

ліпень

Ιούλιος

жнівень

Αύγουστος

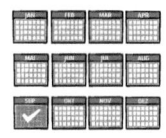

верасень
....
Σεπτέμβριος

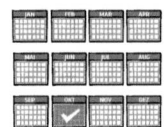

кастрычнік
....
Οκτώβριος

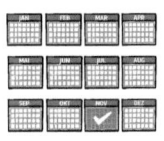

лістапад
....
Νοέμβριος

снежань
....
Δεκέμβριος

формы
σχήματα

круг
....
κύκλος

квадрат
....
τετράγωνο

прамавугольнік
....
ορθογώνιο
παραλληλόγραμμο

трохвугольнік
....
τρίγωνο

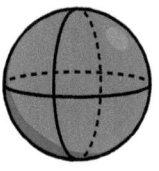

шар
....
σφαίρα

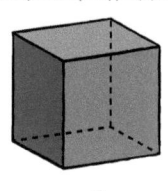

куб
....
κύβος

белы

άσπρο

жоўты

κίτρινο

аранжавы

πορτοκαλί

ружовы

ροζ

чырвоны

κόκκινο

фіялетавы

μωβ

сіні

μπλε

зялёны

πράσινο

карычневы

καφέ

шэры

γκρι

чорны

μαύρο

шмат / мала

πολύ / λίγο

злы / добры

θυμωμένος / ήρεμος

прыгожы / брыдкі

όμορφος / άσχημος

пачатак / канец

αρχή / τέλος

высокі / малы

μεγάλος / μικρός

светлы / цёмны

φωτεινός / σκοτεινός

сястра / брат

αδελφός / αδελφή

чысты / брудны

καθαρός / λερωμένος

поўны / няпоўны

πλήρης / ατελής

дзень / ноч

ημέρα / νύχτα

мёртвы / жывы

νεκρός / ζωντανός

шырокі / вузкі

φαρδύς / στενός

ядомы / неядомы

βρώσιμος / μη βρώσιμος

злы / добры

κακός / ευγενικός

узбуджаны / нудны

ενθουσιασμένος /
βαριεστημένος

тоўсты / тонкі

παχύς / λεπτός

першы / апошні

πρώτος / τελευταίος

сябар / вораг

φίλος / εχθρός

поўны / пусты

γεμάτος / άδειος

цвёрды / мяккі

σκληρός / μαλακός

важкі / лёгкі

βαρύς / ελαφρύς

голад / смага

πείνα / δίψα

хворы / здаровы

άρρωστος / υγιής

нелегальны / легальны

παράνομος / νόμιμος

разумны / дурны

έξυπνος / χαζός

левы / правы

αριστερός / δεξιός

побач / далёка

κοντινός / μακρινός

новы / былы ва ўжыванні
....
καινούριος /
μεταχειρισμένος

нічога / нешта
....
τίποτα / κάτι

стары / малады
....
γέρος | νέος

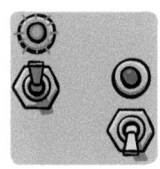

укл / выкл
....
αναμμένος / σβηστός

адчынены / зачынены
....
ανοιχτός / κλειστός

ціхі / гучны
....
χαμηλόφωνος /
μεγαλόφωνος

багаты / бедны
....
πλούσιος / φτωχός

правільна / няправільна
....
σωστός / λανθασμένος

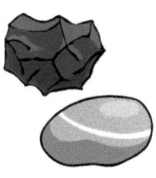

шурпаты / гладкі
....
τραχύς / λείος

сумны / шчаслівы
....
λυπημένος / χαρούμενος

кароткі / доўгі
....
κοντός / μακρύς

павольны / хуткі
....
αργός / γρήγορος

вільготны / сухі
....
υγρός / στεγνός

цёплы / халаднаваты
....
ζεστός / δροσερός

вайна / мір
....
πόλεμος / ειρήνη

0

нуль

μηδέν

1

адзін

ένα

2

два

δύο

3

тры

τρία

4

чатыры

τέσσερα

5

пяць

πέντε

6

шэсць

έξι

7

сем

εφτά

8

восем

οκτώ

9

дзевяць

εννιά

10

дзесяць

δέκα

11

адзінаццаць

έντεκα

12

дванаццаць

δώδεκα

13

трынаццаць

δεκατρία

14

чатырнаццаць

δεκατέσσερα

15

пятнаццаць

δεκαπέντε

16

шаснаццаць

δεκαέξι

17

сямнаццаць

δεκαεφτά

18

васямнаццаць

δεκαοκτώ

19

дзевятнаццаць

δεκαεννέα

20

дваццаць

είκοσι

100

сто

εκατό

1.000

тысяча

χίλια

1.000.000

мільён

εκατομμύριο

англійская

Αγγλικά

англійская (Амерыка)

Αμερικάνικα Αγγλικά

кітайская мандарынская

Μανδαρίνικα Κινέζικα

хіндзі

Χίντι

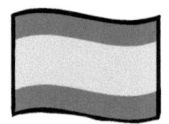

іспанская

Ισπανικά

французская

Γαλλικά

арабская

Αραβικά

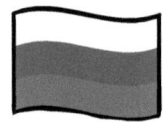

руская

Ρώσικα

партугальская

Πορτογαλικά

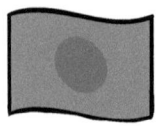

бенгальская

Μπενγκάλι

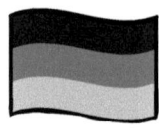

нямецкая

Γερμανικά

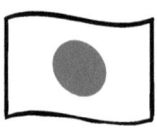

японская

Ιαπωνικά

я

εγώ

ты

εσύ

ён / яна / яно

αυτός / αυτή / αυτό

мы

εμείς

вы

εσείς

яны

αυτοί / αυτές / αυτά

хто?

ποιος / ποια / ποιο;

што?

τι;

як?

πώς;

дзе?

πού;

калі?

πότε;

імя

όνομα

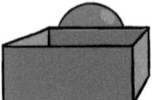

за
....
πίσω

у
....
μέσα

перад
....
μπροστά

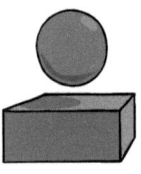

над
....
πάνω από

на
....
πάνω

пад
....
κάτω

каля
....
δίπλα

паміж
....
ανάμεσα

месца
....
μέρος